にっぽん聖地巡拝の旅
あずま下り編
王岡かおる著
大法輪閣

鎌倉・東慶寺の山門で井上
陽司住職にお話を伺う。

〔上〕富士山本宮浅間大社の湧玉池の
たもとで禰宜の小西英麿氏と。
〔下〕身延山久遠寺祖師堂前で久遠寺
宝物館学芸員の林是恭上人と。

諏訪大社上社前宮の二之御柱を見上げる。

善光寺大本願副住職からお数珠をいただく。

にっぽん聖地巡拝の旅

あずま下り編

目次

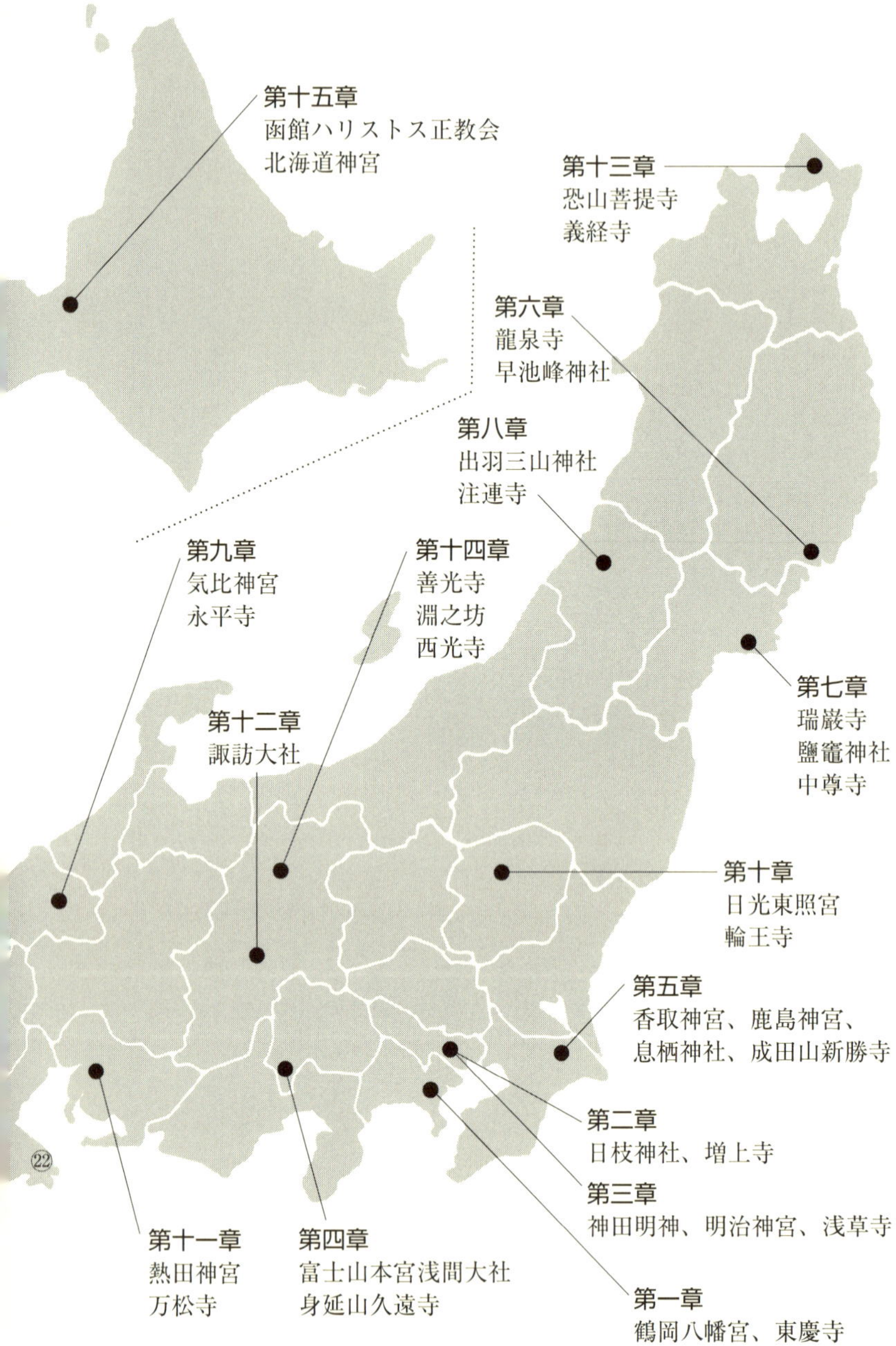
第十五章
函館ハリストス正教会
北海道神宮
第十三章
恐山菩提寺
義経寺
第六章
龍泉寺
早池峰神社
第八章
出羽三山神社
注連寺
第九章
気比神宮
永平寺
第十四章
善光寺
淵之坊
西光寺
第七章
瑞巌寺
鹽竈神社
中尊寺
第十二章
諏訪大社
第十章
日光東照宮
輪王寺
第五章
香取神宮、鹿島神宮、
息栖神社、成田山新勝寺
第二章
日枝神社、増上寺
第三章
神田明神、明治神宮、浅草寺
第十一章
熱田神宮
万松寺
第四章
富士山本宮浅間大社
身延山久遠寺
第一章
鶴岡八幡宮、東慶寺

『にっぽん聖地巡拝の旅』寺社 MAP

右ページは本書『にっぽん聖地巡拝の旅　あずま下り編』で巡拝した東日本の寺社とその章、左ページは前作『にっぽん聖地巡拝の旅』（2014 年、大法輪閣刊）で巡拝した寺社を記載。

前作で巡拝した主な寺社

①高野山金剛峯寺、恵光院
②大神神社、四天王寺
③法華山一乗寺、摩耶山天上寺
④東大寺
⑤西大寺
⑥青岸渡寺、那智大社
⑦石上神宮、興福寺
⑧上賀茂神社、下鴨神社、叡福寺
⑨唐招提寺、七宝瀧寺
⑩延暦寺、神護寺
⑪書写山圓教寺、長谷寺
⑫石清水八幡宮、平等院
⑬金峯山寺、聖護院
⑭生田神社、葛井寺
⑮清荒神清澄寺、八坂神社、広峯神社
⑯住吉大社、石山寺
⑰六波羅蜜寺、浄土寺、知恩院
⑱建仁寺、妙心寺
⑲金剛寺、観心寺、湊川神社
⑳當麻寺、道成寺
㉑根来寺、智積院、坐摩神社
㉒伊勢神宮、出雲大社、泉涌寺
㉓西本願寺
㉔大浦天主堂、浦上天主堂、枯松神社

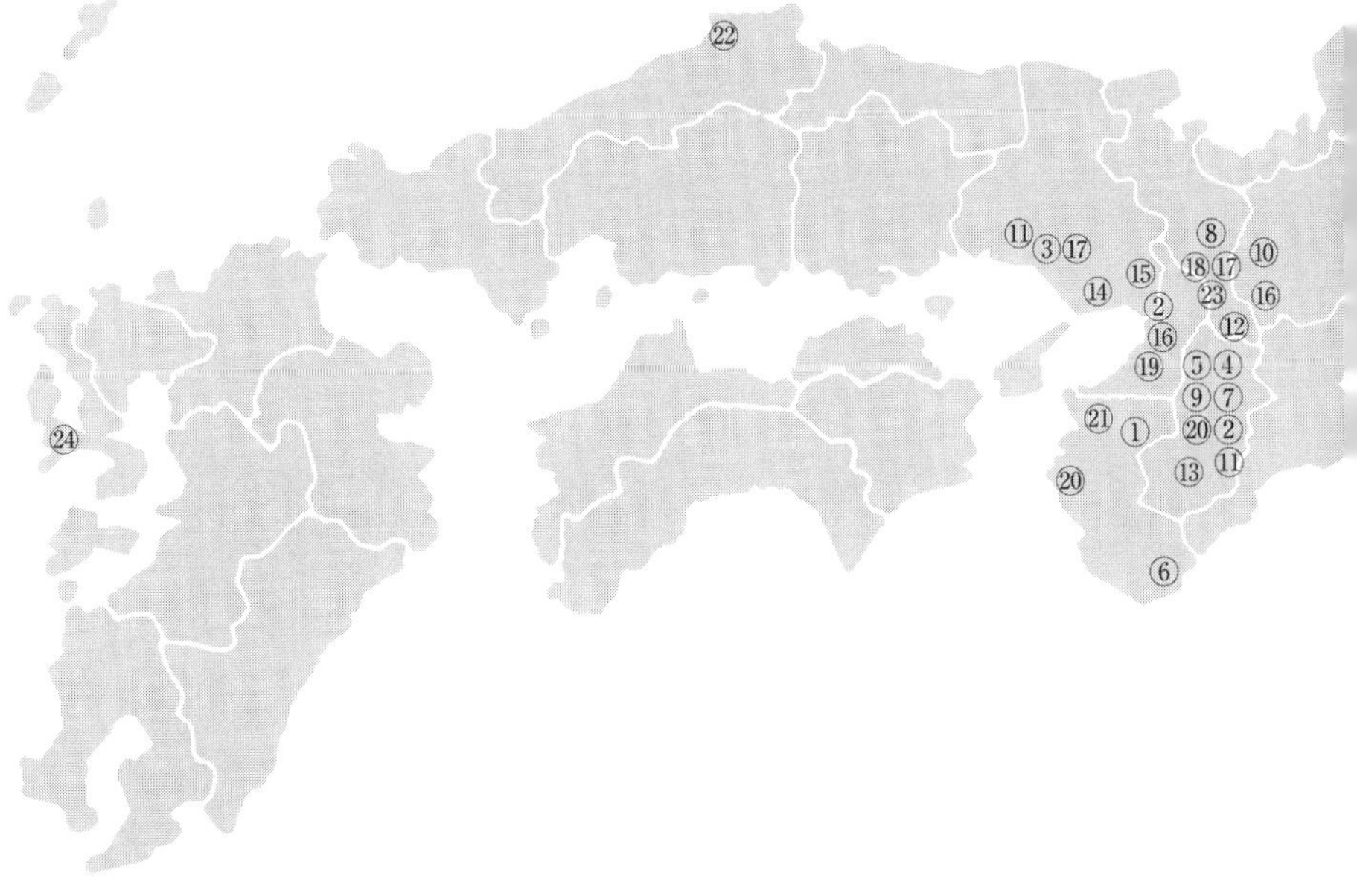

カバー絵／中川　学
写真・取材協力／若林　純

装幀／山本太郎

まえがき

インバウンド効果で奈良に行っても京都に行っても、古寺や名刹の参道には大変な数の外国人観光客があふれている。最近では、こんな田舎の小さな寺社まで？　と驚くような場所でも見かけるほどだ。

逆に、私はアウトバウンド。日本から出てインドを訪ね、ヒンドゥーの聖地ヴァラナシで朝に夕にガンジスを見る、という旅をした。

どうしてここへ？　何をしに？　インドの人から見れば、同じように不思議であろう。旅の理由は人それぞれだが、やはりそこが〝聖地〟であるという引力は小さくはない。ことにインドでは、死ぬならガンジスで、と人は望み、死期を悟ればガンジスめざした巡礼の旅に出るという。

さまざま話に聞いてはいたが、当地ヴァラナシではそうした巡礼者や観光客のため、宿はもちろん、飲料水から土産物まで、さまざまな品を売る人々が軒を競い声をはりあげ、まるで毎日お祭りの喧噪にいるようだった。人をかきわけるように路上を行けば、すばしこい子供たちが入れ替わり立ち替わりやってきて、儀式用の蝋燭、花といった小間物を買えとせがむ。まさに、今日を生きて暮らしを明日につなぐため、強烈なエネルギーが町じゅうにたちのぼるようで、圧倒された。

すっかり人に疲れて一休みすると、その店先に、なにやら鮮やかな色の花をばらまきながら、鉦を鳴らして人の列が来る。何かと見れば、布でくるまれた死者が担がれてくるのだった。この道の先は川のほとりの火葬場で、今、死者が赴くところらしい。

思わず視線を奪われていると、私の手先へ、べろりと大きな肉塊が動く。驚いて手を離したら、痩せた野良牛がカップに残したクリームを舐めにきていた。ヒンズーの神の使いとされる牛も、こんな町の真ん中でただ生き抜くことに必死なのだった。

聖地を訪ねる旅はかように驚きに満ち、自分の知らない文化を見せつけてくれる。

特に信仰となれば、文化や歴史を知る以上に理解を超えることも多い。あらゆるものを飲み込み、濁ってよどむガンジスの流れがなぜに聖なる川であるのか、そこで清めの沐浴をする人々を見ながら、ついに私にはわからなかった。

いや、海外の宗教を言う前に、自分の国の聖地についてさえ、いったいどれほど理解していることか。

日本人の暮らしから宗教というものが薄くなって久しい。

あらためて考えてみると、今の日本人の〝宗教ばなれ〟は、大東亜戦争（第二次世界大戦）において、国家神道による統制を経て国もろともの暴走を止められなかった猛反省による。

戦後の憲法では信教の自由が謳われ、教育においても宗教への寛容が条文となり、同時に教育基本法では、公教育においては特定の宗教教育をしてはならない、と定められた。

いろいろな考えの信教があっていい。人の心は自由であっていい。だが、積極的な精神教育をする場は私学の仏教系、キリスト教系などの学校に限られる。そんな結果になったのもまた事実だ。

多くの子供は公教育で育つ。なのに学校現場では、「してはならない」との強い禁止の語調にアレルギーとなり、「特定の」宗教が禁じられているだけにもかかわらず「一切の」宗教にふれなくなった。つまり、宗教にからむものには一切、近づかないのを得策としたのだ。これは、新しい世代に蒔いておくべき情操教育にとって、怠慢というほかないであろう。

現に私も、当初は、仏前では音を立てずに合掌、神前では一礼二拍手また一礼、といった参拝の違いすら知らなかったことを白状しなければならない。いい年になるまで、誰からも教わらなかったからである。

ところが、ラジオの番組で、『玉岡かおる　聖地巡拝の旅』（ラジオ関西558HZ）をやらせていただくことになって、意識が変わった。音声だけのラジオなのに、取り上げる寺院には必ず出向いて取材をし、専門家から話を聞いてとりまとめる、という主旨のため、一気に一生分の寺社を訪れることになったからだ。

そこには、番組スポンサーである故・浜田博邦氏（「仏壇の濱屋」会長）の、現代日本人への嘆きと未来への強い願いがこめられていた。すなわち、経済的には豊かになった日本とはいえ、心の貧しさは目を覆うばかり。日々、悲惨な事件が多発し荒廃する世相を救うにも、まず千年を超すこの国の〝こころ〟の歴史をふりかえるべきで、先人たちが大切にしてきた神社仏閣こそが、学校教育が置き去りにしてきた情操の涵養の場となれるのではないか、という確信だ。

「昔の子供は、悪いことをしたら地獄へ行くとか、親を大事にしない子は死後に罰を受けるとか、人として当たり前の〝道〟を、家庭でも学校でも、また外に出れば寺や神社で教わったものです。それが、今は、それを教える場所がないんですから」

今も私の耳には浜田氏の声が聞こえるようだ。そしてどんな天候の日にも取材に同行し、最期は酸素ボンベをカートで引きつつ、偉大な寺院に至る参道を登り、ご本尊の前ではうなだれて手を合わせておられた姿を思い出す。

これは〝宗教〟ではなく、人として立ち返るべきホームポジションではないのか？　そんな気がした。

聖地。――実際にそこへ足を運べば、目に映る風景が私のちっぽけな既成概念を打ち砕き、専門の方に教わる歴史は自分の無知を思い知らせる。私は取材に限らず、時間をみつけては寺社に出向く旅をするようになった。お寺を一つ訪ねるたびに意識が変わり、また一つ訪ねるたびに想いが深まっていく。

ものかきである私は、それらの体験を単にラジオの音声で流してしまうにしのびなくなった。仏教雑誌『大法輪』に、同名の紀行エッセーを書かせていただくことになったのはそんな理由からだった。そして二年にわたる連載を、すでに『にっぽん聖地巡拝の旅』（大法輪閣・刊）にまとめて世に送り出した。

しかし、タイトルに〝にっぽん〟と銘打ったにもかかわらず、訪ねた先は西日本に偏っているのである。

それはなぜか。

日本の歴史とは、全国一律に公平に起こったことではなくて、一部にすぎない西日本を舞台にして始まっていった。そして神々は、最初にこの国の歴史をまとめた者たちの上に降臨した。

東京一極化が進む現代、便利な東京暮らしを謳歌している人に向かって

「あなたが今住んでいるのは、その時代には日本ではなかったんですよ」

などと言ったら、驚愕の表情になるかもしれない。

だが日本最古の書物とされる記紀にも、〝あずま〟である関東が正式に日本の領土となったのは、ヤナトタケルの東征の後であることが記されている。

つまり、それ以前は、東京はおろか愛知県以東の〝東日本〟は、先住民が住む大地だったわけである。

大和なる朝廷は、それらを武力で従えつつ、精神的にも一つの国家として権力を浸透させていった。それには、自分たちの神と彼らの神をうまく融合させていくのが得策だった。言い換えるなら、人が人に対して行う〝天下統一〟とは、人が信奉する神々を統一することに他ならない。民族とは、こころの統一がなされて初めて一つになるのだ。

まさに、日本という国家の形成は、先にあったものを排除したり消滅させるのではなく、みごとに融和し新たになじませていく政策のたまものだったといえるだろう。

さらにはその後、日本は、外からやってきた壮麗な神々、仏教というディープインパクトも体験する。しかしこれも、本地垂迹説という論法でみごとに融和させてしまった。

世界を見回せば、悲しいことに、いまだ神をめぐる紛争や攻撃が絶えない。自分が信じる神こそが唯一であり、それ以外は叩きつぶすべき、という考えによるからだ。

とすれば、日本人が行ってきた世にもまれなる〝神々の融合〟の歴史は、未来に大いなるヒントをはらんでいるかもしれない。

よって今回の私の本のテーマは、こういうことになろう。

〝神々の天下統一〟。

西日本に降臨した神や仏は、どのように日本全体へと広がり浸透していったのか。東へ、足を伸ばしつつ、神と仏による日本の精神文化の統一の歴史を探ってみたい。

「ほう、えらく大きく出ましたな」

大風呂敷でも広げるような私の宣言に、故・浜田氏も笑っておられるような。

だがそれでもけっこう。専門家ではなく一般の現代人にすぎない私が、自分の国が形成された手順を探してさかのぼる旅だ。共感する人、見守ってくれる人、なお疑っている人、どうぞ一緒にいらっしゃい。それぞれの思いを連れて、さあ、あずま下りの旅に出かけよう。

改元の年の夏　大阪にて

このシリーズを書くきっかけを与えてくださった故・浜田博邦氏に心よりの感謝を捧げます。

第一章

関東へ、はじめの一歩　いざ鎌倉へ

――きよらかな風吹く地へとふたたび

姿のすぐれた山を神の座とし、穢れを流して漱ぐ川の流れに神の力を見た古代人。神は自然界のあらゆる場に出現し、その数八百万と呼ばれて人知を超える力を発揮した。秀麗な三輪山そのものを神体とする大神《おおみわ》神社や、玄界灘に浮かぶ島を聖域とする宗像《むなかた》大社などはその典型だった。風や雷、太陽や岩など、自然が造形し人には決して生み出せない力をもった現象に神を見た日本人の感性は、簡単にアニミズムと片付けてしまいたくないほど、深い洞察力がうかがえたものだ。

そこへ外《と》つ国の神、仏教が伝来した。国家と民衆を精神的に統一していく「神仏習合」の道のりは、先進の文明がまっさきに入る〝西日本〟から始まったのだ。

やがて神と仏が矛盾なく庶民のこころの中へと浸透していく経過の裏には、さまざまに生きた男女の人間模様が編み込まれていく。もの言わぬ堂宇の柱一つにも当時の人の生きざま死にざまが見え隠れして、興味は尽きずにいたものである。これらの旅を一冊にまとめた『にっぽん聖地巡拝の旅』(二〇一四年四月に大法輪閣より出版)では、巡った寺社のほとんどが畿内にある、という結果になった。

無理もない、文字に残されたこの国の歴史は〝西〟から始まり、〝西〟を中心に統一されてきたからだ。

〝西〟には都があって政治がなされ、権力も財力も集中し、あらゆる文化の技術技巧はここから生まれた。世界に誇る国の宝や、古社、名刹が集中するのはしかたのないことだ。

そのため、二年におよんだ前作の旅では、いちおう、この国に〝神〟が認識されて祀られた古代から、時間の流れで筆を進めた。

しかし、歴史という縦軸で巡っただけでは「にっぽん」とくくるのに満ち足りない。そこで第二シリーズで完成させよう、という発想が本書である。〝東国〟という平面に座標をとることで、さらに深く日本人の精神文化を眺めることができる気がするのだ。

旅は東へ。

ここに、二番目の扉を、今、開く。

あずま下りにあたって〝聖地〟の定義

――その男、身を用なきものに思いなして、京にはあらじ、東の方に住むべき国求めにとて行きけり。

平安の昔、『伊勢物語』の主人公とされる在原業平は、華やかな都を離れ、関東へと旅立つ。作中、さらりと記されるその一文には、都に居場所をなくした男の、新天地に向かう決意がかいま見えるものの、当時、日本の人口は一千万人程度。東京一都市の人口を全国にばらまいたほどの密度だから、都のある関西を出れば、行く先々が人の姿のない荒れ地続きであっただろう。おかげで本文の語調もだんだん寂しく不安なものになる。

――わが入らむとする道はいと暗う細きに、つたかえでは茂り、物心ぼそく、すずろなるめを見ることと思ふに、修行者あひたり。

道は暗く細く、蔦や楓が生い茂って、なにかとんでもない目に遭いそうな心細さ。だがそんな寂しい山道に、やっと人の姿を見つければ、それは荒れ野を果敢に旅する〝行者〟だった。

険しい道を選んで高みへ踏み入り、自然と己とが一体化するまで心を研ぎ澄ませて修行する人。山岳を聖なるテリトリーとみなす修験道は、日本独自の信仰である。そして、国土の七割が山地という日本だから、行者たちが修行する場は全国各地にあることになる。

もちろん、霊峰とされる山岳は、無条件の〝聖地〟であるが、私がタイトルに掲げるものはもう少し広義になる。

在原業平はこのあずま下りで、三河の八橋や駿河の富士、武蔵の隅田川などで歌を詠んでいるが、おそらく心惹かれる風景に、思わず足をとめてしまったというところだろう。そういう、何か人をとどめさせる引力を持つ地も〝聖地〟になる。彼らはその地で干し飯を食べ、歌に興じてしばし故郷をしのぶのだから、くだけた意味では腰を下ろして弁当タイムをとりたくなる場所も〝聖地〟であろう。

もともと人が腰を落ち着け小さなコミュニティで暮らし始める時、その地に自分たちを守護する氏神様を祀ろうと選ぶのは、そういう心惹かれる静かで清潔な場所であった。難しい方角や地理条件ではなしに、直感的に、これはいい場所、と感じる所が聖地であったことは、何万年も続いた縄文時代の遺跡から発掘された祭壇の跡が証明している。

取材ではたくさんの寺社を訪ねたけれど、どこにも共通して言えるのは、先に神様がいて、日本人はへだてなく神と仏を祀っていたという事実だった。したがって、寺社のある場所がすなわち聖地、と短絡してもよいわけだが、実際に訪ねて話を伺うたびに、なるほど、と思える深い理由がそこにある。

たとえば清水寺や水間寺《みずま》など、多くの寺には滝や川や井戸があって、常に清浄な水を得られる水脈上にあるのがわかっている。那智の青岸渡寺や七宝瀧寺など、豊かにほとばしる水を修行の場とする寺もあるが、水は人が生命をつなぐには不可欠だから、清らかな水のある場が聖地である、というのは基本であろう。

また、高野山の例もある。弘法大師が開いて千二百年を超すこの山も、最初は丹生都比売《にうつひめ》神社があり、〝丹〟の字が示すとおり水銀の鉱脈があった。さすが弘法大師、寺院を赤く塗るのに不可欠な資源をまず確保したのである。

ともかく、ありふれた土地から聖地を選び出す昔の人たちの知恵は驚異的だ。

そして聖地を選んで建立されたこれらの寺社が庶民の信仰を集めるにつれ、お参りの人々が踏み固めて道ができ、茶屋や宿や土産物屋ができ門前町を形成していく。逆に、人の賑わいが人を引きつける磁場となって、行きたくなる地、聖地となるのがおもしろい。

信仰の核は、本尊であったり、風光明媚な環境であったり、目や足腰に効くという霊験の言い伝えであったりとさまざまだ。しかし、それが数百年も磁力を失うことなく人々を引きつけた時点で、聖地となったのだ。言い換えれば、人がそこを〝聖地〟にしたのである。

それにしても、人はなぜに聖地を必要とするか。それは、暮らしの中に降り積もるストレスや疲れを、どこかでリフレッシュしたい、新しくなりたい、その願望に尽きるだろう。清浄な空気、ゆたかな水。そこに身を置くだけでくたびれ汚れた心が生き返る、まさに、感性でしか得られないよみがえりだ。

こう定義づければ、ふしぎな現象やパワースポットなど、一時の流行で表現されるそれとは異なることがおわかりだろう。聖地とは、誰かが定めるものでなく、訪れてみて自分自身がそれと確信できるものなのである。

したがって、これから先にリストはない。まさに心惹かれるままに出向いた先で、聖地のわけは明かされるはずだからである。

そして鎌倉

神と仏のあずま下りの旅に出かけるにあたって、さて、どこから始めようかと思い悩んだ。ちょうどGoogle Earthの検索機能がぐるぐる回転しピンを落とす場を探している、そんな感じだ。

そして考えたすえ、この国の政権が初めて関西から東国に移った地、鎌倉に決めた。

なぜならそれは歴史上、とても大胆きわまりない、革新的なできごとだったからである。単に政権を西から東へ移したという距離で計るのではない。むしろ時間で計ったほうがその重大さがわかるだろう。なにしろ大和朝廷が統一されて以来、六百年も国家の中心だった関西である。当時の人間は五十年しか寿命がなかったのだから、その人生で計れば、十二回も生き直さなければば築くことのできない歴史と文化の蓄積があった。それを置き去りにして東に行く、という行為なのである。過去を断ち切り、まったく新しい世を創ろうとする武家の棟梁か、源頼朝の意気込みが伝わるというものであろう。

まずは私の執筆の円滑を願って、鶴岡《つるがおか》八幡宮を参拝することにした。関西人である私には、ここここそ東国のランドマークという印象がある。

鎌倉に幕府を開いたとはいえ、源氏ももとは京の都で、平氏と並んで天皇のボディガードのような仕事に就いていた。その折、彼らが尊んだ神は八幡神だ。古代、九州宇佐の地に、おびただしい軍旗がたなびく戦のさなかに降臨した異国の神だが、日本の長い歴史の中で戦いの神として定着した。棟梁である源義家には八幡太郎の通称があり、都に近い石清水《いわしみず》八幡宮とはひときわ深い縁がある。

それゆえ、東国に新しい武家の政権を拓くにあたっては、この宮を精神の拠点として一族が結束したことは想像に難くない。

実際に来てみて驚いたのは、その参拝客のおびただしさだ。平日というのに、電車の駅からひっきりなしの人、人、人。あずま下り、とやたら上からの目線で書いてきたが、今や首都は東国にあるのだから当然かもしれない。

平和な現代といえども人生は戦いに満ち、あるいは自分との戦いに身をやつす場面も多い。ゆえに、戦いの神、八幡さんは、いつの世にも、求められる存在だということだろう。

都の女の誇りの舞

参詣客を眺めるうちに、ふと、もう一人、京の都から東下りをしてきた女性を思い出した。歌舞伎『義経千本桜』などで語り継がれる源義経の想い人、静御前のことである。

もっとも彼女のあずま下りは、業平のように自由意志からではなく、無理矢理連れられてきたものではあるのだが。

平家追討の功を挙げながら兄の頼朝に憎まれ、都を追われた義経とともに、静も吉野へ落ち延びる。だが女人禁制の大峯山に入ることができず、やむなく義経と別れたところを捕らえられてしまうのだ。

「……ということになっていますが、義経は山上ヶ岳には行っていません。冬ですので、雪で行けなかったのでしょうが、静は身ごもっていましたから、連れてはいけなかったでしょう」

と話してくださったのは吉野の金峯山寺《きんぷせん》・宗務総長（二〇一四年当時）の田中利典《りてん》さんだ。義経がたよったのは蔵王堂を中心とする吉野一山。しかし金峯山寺は鎌倉方の追及を畏れて義経に味方せず、義経は足手まといになる静をおいて山から逃げざるをえなくなる、というのが真実らしい。なんと過酷な運命だろうか。

静は、後白河法皇から「都一」のお墨付きをもらった白拍子だ。文化の中心地、京の都で一番ということとは、とりもなおさず日本一の舞い手であり、名声は鎌倉の無骨な男たちにも聞こえていただろう。本来なら一生そんなすぐれた舞など見ることもできない田舎者が、この機会にぜひ見ておきたいと願うのも無理はない。頼朝は静に舞を強要する。

しかし当の頼朝が追う義経と、引き裂かれるように吉野で別れてきた静が、どうして浮かれて舞えたりするだろう。再三の要請を断った後、それでも静の舞を見たい頼朝が出した案は、「神に奉納する」というものだった。

もともと芸能は神を喜ばせるもの、願いを聞き届けてもらえるように捧げるもの。国を鎮め安泰を祈願するためというなら、静も嫌とは言えない。かくして、鶴岡八幡宮の回廊で、静は神のために舞うのである。

神事ゆえに場内は正装した鎌倉武士たちで埋め尽くされ、きっと正面には頼朝が控えていたことだろう。全員が憎い敵、敵、敵。満座の男たちの視線の中で、それでも神をことほぐ曲を二曲、舞いきったのは、さすがプロ中のプロ。胸の内には、東夷《あずまえびす》なにするものぞ、と都の誇りがそそり立ったにちがいない。

静は、前年の飢饉でとり行われた雨乞い神事でただ一人、雨を降らせることができた白拍子だ。神にも届く当代一の舞い手の精神が、舞い進むうちに眼前の男たちなど透過していき、やがて直接神に向かってみずからの心を発露させないわけがなかった。

しづやしづ　しづの苧環《おだまき》　繰り返し　むかしを今に　なすよしもがな

吉野山　嶺の白雪　ふみわけて　入りにし人の　跡ぞ恋しき

別れた義経を恋う、せつないまでの舞。即興というのに、「まことにこれ社壇の壮観、梁塵ほとんど動くべし。上下みな興感を催す」と『吾妻鏡』に記されるほど、観る人を深い感動の境地に沈めた。あっぱれ、都の女の心意気は、頼朝を激怒させると知っていても、心に蓋をすることはできなかったのだろう。

静は出産まで鎌倉に幽閉される。やがて生まれた子は男であったため殺され、死骸は由比ヶ浜に捨てられた。頼朝自身、父義家が戦に敗れて清盛に捕らえられた時、清盛の母の温情によって生き延びた少年だったが、わずかな情けが後の禍いとなることを自分の例で痛感していたであろう。歴史が彼に非情であれと刻み込んだ、当然の帰結といえる。

しかし愛する男と生き別れ、忘れ形見の愛児も殺され、静の心がどれほど無残に壊されたことか、想像すれば胸が痛い。歴史はつねに女にとって過酷なもの。同時に、歴史はつねに勝者にだけ微笑むものだ。

しかし彼らの場合は違う。たしかに表舞台から消えたといえ、義経は「判官贔屓」という日本人の優しさの中で生き続けたし、桜満開の鶴岡八幡宮で神を奮わすばかりに舞った静もこうして永遠に伝承されて未来に残る。

歴史に残るか、心に残るか。いずれも稀有な人生であることに違いはないが、戦乱の世を勝ち抜き覇者となったはずの頼朝の墓へ、白旗《しらはた》神社のそばの坂道をたどって行けば、思いは一転、違ってくる。木立が囲むひんやりとした小高い丘。風雪にさらされた石塔だけが佇む頼朝の墓所は、輝かしい征夷大将軍のものとしては驚くほどに寂しく粗末なものだった。

源の家はその後、頼家、実朝と三代でとだえ、それ以後は傀儡の将軍が〝西〟から招かれ、政治の実権は北条氏の手にわたるのだ。

北鎌倉へ――女たちがたどった石段の下で

歴史に沈んだ女たちに目を向ければ、男や、男が作った社会や法に泣かされ続け苦しんだ者が無数にいたことは誰も否定しないだろう。男と女のポジションは、義経と静のように最後まで離れたくない、別れないと願う者たちもあれば、男の理不尽さに泣かされ苦しむ女たちもあるわけだ。

北鎌倉には、そんな、名もなき庶民の女たちが、命がけでここへと駆けた足跡がある。

鎌倉五山の第二、円覚寺の広大な寺域からほど近い、静かなたたずまいが広がる街道筋。松岡山東慶寺。別称、駆け込み寺と人は呼ぶ。

江戸時代、夫の暴力などに苦しみ結婚から逃れたいと切に願う妻たちが、ここに駆け込み、どうか別れられますようにと第三者の庇護を求めたことからその名がある。

緑鮮やかな山門下にたどりつけば、石段がまなざしの上、はるか高くに見上げられる。季節を選べば参道に七色の彩りを放つあじさいの花が美しい道だ。むろん、自然ゆたかな境内だけに、四季折々に花も紅葉も多くの参詣者を惹きつけて止まない。

「縁切り寺といっても、境内へただ駆け込めばいいのではないんですよ」

若き住職、井上陽司さんの案内で、宝蔵へと入れていただく。ガラスケースの中には、今なお女たちの必死な息づかいが伝わりそうな書状が並んでいた。これらは、寺の前の街道筋にある訴人宿へ提出されたもの。駆け込んできた人は寺が全部面倒をみるのではなく、事務処理は訴人宿が行ったそうだ。

まずこまかな調査が行われ、互いの実家や旦那寺など、身元引き受け人を通して示談がすすめられるが、それでもだめならお裁きが入る。その間、女たちは寺の生活をしながら待つのであるが、力ずくで奪い返しに来る夫もおり、寺は、そうした夫たちから女たちを守るシェルターの役目も持っていた。

「いわば家庭裁判所のようなものですね」

穏やかで親切な井上住職の話はとてもわかりやすい。書状事務は実に綿密に公正に行われており、几帳面な日本人の国民性を表している。なかなか出頭しない男には、ここの寺の紋入りの木箱に入った呼び出し状が届けられるが、その仰々しさに、たいてい畏れおののき、示談に応じるという。妻が寺の生活にいそしみながら待ち望んだ離縁状が、ほんとうに三行半《みくだりはん》であるのも感慨深い。最悪にこじれた場合でも、寺で三年過ごせば離縁が成立した。寺は、最後まで女の味方であったのだ。

縁切り寺は幕府寺社奉行も承認し、東慶寺の他には群馬県に満徳寺が同じ役目を担っていた。では、なぜにこの東慶寺が不幸な結婚に苦しむ女たちを救済する寺になったのだろう。

女が女を救う寺

井上住職の話によれば、開山は覚山尼《かくさんに》という女性。蒙古襲来で名高い八代執権、北条時宗の妻である。時代は、頼朝が鎌倉に幕府を開いて〝西〟の政権を〝東〟へと移してから、百年ばかり過ぎたことになる。

一つ間違えば外国に侵略され征服されるという国難を乗りきった時宗は、全生命をそれに注ぎこんだのか、三十三歳の若さでこの世を去る。残された妻は夫の菩提を弔うため、尼となってこ

東慶寺井上住職と

の寺を開くのである。

彼女が仏の心の開眼を迎えるのはその後だった。尼となり、仏弟子となった彼女は、女であるからこそわかる煩悩——言い換えるなら、いくら慈悲深い高僧であっても男にはわからない俗世の悩み苦しみを、すこしでも救えないかと動き出すのだ。それが、〝女からの縁切り〟だった。

苦しい結婚生活を終わらせたくとも、女から離婚を言い出せないのは長い間の慣習だった。すでに平安時代、あの『源氏物語』にもそんな不公平な妻の立場が描かれている。正妻の紫の上は、夫の光源氏の浮気にさんざん苦しみ耐えるものの、若いとは言えない晩年になって、夫はさらに、糟糠の妻である彼女を追い落とし、若く身分高い内親王を正妻に迎えるという。悲しみのあまり出家して尼になり心の平穏を得たいと願うが夫は認めず、もちろん離婚は許されない。ついに心を病んで命を縮め、亡くなってしまうことになるが、それはあながち作家としての紫式部の創作ではなく、そんな例は少なくなかったのであろう。

さて、この寺が「御所寺」と呼ばれ、尼寺としては格段上に列するようになるのは鎌倉政権が滅びて後、後醍醐天皇の皇女、用堂尼《ようどうに》が寺に入ってからのことになる。

武士に政権を〝東〟へ持って行かれ、虎視眈々と天皇政権の復活を狙っていた〝西〟側にしてみれば、建武の新政をなしとげるには多大な血が流されずにはすまなかった。護良《もりよし》親王もそのひとりだ。ともに鎌倉幕府打倒のために立ち上がりながら、父である後醍醐天皇と反目し合うことになり、鎌倉で非業の最期を遂げるのだ。鎌倉宮には、無念の内に死んだ親王の霊が祀られている。親政が成ったのちに、後醍醐天皇は息子の菩提を弔うために、彼の妹でもある内親王をこの寺に入れた。それが用堂尼である。

開祖の覚山尼から江戸時代まで、東慶寺が縁切り寺という特別な使命を持つ尼寺として、他とは一線を画す存在となったのには、こうした背景があったのだ。

かくして鎌倉時代は終焉を迎え、政権はふたたび〝西〟へもどされる。同じ武家政権ながら、足利氏は都としての京の機能を優先したのだった。

そして時代は下って戦国が終わりを告げる頃、さらにもうひとりの女性があずま下りの旅をする。豊臣秀頼の娘、天秀尼《てんしゅうに》である。大坂夏の陣で豊臣家が滅びた後、将軍秀忠の娘であり秀頼の正室であった千姫によって命を助けられ、この寺に入ることになったのだ。

ここにも、男たちの権力をめぐる戦に翻弄された女がひとり。

秀頼の遺児は彼女のほかに異母兄があったが、六条河原で斬首され幼い生涯を閉じている。彼

護良親王が足利尊氏に捕えられ幽閉された土牢前で手を合わせる著者（撮影＝若林純）

女は男児ではなかったおかげで家康に抹殺されずにすんだ。千姫は彼女を養女とし、この後も庇護することになるのだが、救われた命を、彼女はそれまで東慶寺が果たしてきた縁切り寺としての使命を守り抜くことに捧げる。

ここを訪れた三年後、私は千姫の小説を書くことになった。『姫君の賦 ―千姫流流』という長編である。もちろん冒頭には天秀尼と千姫がこの寺で過ごすひとときを描いた。

作家には、時折、こうしたふしぎなご縁が繋がれてくる。それも聖地の力かもしれない。

苦しむ女を憐れみ慈しみ、そして救いの手をさしのべたのは女。歴史の裏でささえあってきた、声なき声をつなぐように、緑濃い境内を風が木々を揺らして吹き抜けた。

第二章

お江戸に移った神・ほとけ

――日枝神社〜増上寺

おぎゃあと元気に生まれてきたら宮参り。すくすく育てば七五三。年ごと、豊作や大漁、商売繁盛を願っては感謝を重ね、厄を払ってすこやかに暮らす。そしてひとたび節目が来れば、受験、縁結び、安産と、その折々で神々に願い、頭を垂れる――。

日本国じゅう、どこにでも神社仏閣はあり、その土地土地で、さまざまな人の願いを受け持つ神さま、仏さまがいてくださる。

おかげで、人生の節目に織り込まれてきた自分の町の神社や寺院が、成長の背景でもあることに気づかされる。

けれども、その神社、寺院は、いつからこの地にあったのだろう。

縁起、来歴をたどっていくと、その地が人も住まない荒れ地や山林であった頃から、先に神々が住んでいたことが明らかになる。そこへ後から、人や、外国の神である仏さまがやってきて、一緒に暮らし始めて、町を大きく作り変えたのだ。

だから、地神様、鎮守の神様のルーツをたどれば、一挙に町の歴史がつかめてくる。人の文化もわかってくる。その地が最初にどのようにして拓かれ、そしてどのように発展したか、衰退したかも。

都と言われる大都市も同じ。歴史の表舞台になったとしても、そこにはなお、神々とともに生きた人々の長い長い時間がある。

オリンピック開催が決まり、ますます人も物も集まり土地利用が高度化していく東京も、さかのぼれば始まりは神様だけが棲む武蔵野の台地であった。すっかり姿を変えようとする今だからこそ、まだ土地に記憶の刻まれている場を訪ねてみるのは意義がある。

ということで、日本の首都、東京へ。

わたしのお江戸・日枝神社

再三くり返しているかと思うのだが、私は生まれてこのかた、地盤はずっと関西だった。東京に縁ができたのは小説家になってからのこと。出版社はたいてい東京にあるので、仕事はすべて東京で動くことになるからだ。

もっとも、半年に一度というようなペースで東京に来るだけではなおも観光客の域を出ない。ところが、〝ホーム〟の関西に対し、東京が〝アウェー〟と明確に位置づけられるほど頻繁に行き来するようになったのは、人気番組「ブロードキャスター」（TBS系）のコメンテーターとして十年もお世話になって以来のことだ。

テレビ局は赤坂にあるため、用意してくれる近くのホテルが定宿となり、東京に来ればそこをベースとすることになった。

国会議事堂に近いことから政治関連の施設も多く、首都高速がクロスしていく外堀通り沿いにはスマートなビルが林立する。たくさんの飲食店がひしめく繁華街にはアジアの言葉が飛び交い、まさしく、これぞ首都の風景、という印象だった。

ところが、そんな近代的な外堀通りの風景中に、ごくごく自然にとけこんで、日枝《ひえ》神社の大きな鳥居が見えている。

何年も「聖地巡拝」で各地をめぐっているので簡単に説明できるようになったが、鳥居は聖なるものが通過する道筋に立てられるもの。神様の聖域と俗世の人間世界を区切るラインの象徴とされている。「通り入り」が語源、といえばわかりやすいだろう。

そしてここの鳥居、「山王《さんのう》鳥居」と呼ばれる独特の形態をしていることにもすぐ気づく。鳥居の二本の脚柱の頭頂部、地面と平行になるよう横向きに載せられた材木を笠木というが、山王鳥

日枝神社の山王鳥居

居は、さらにその上に三角形の破風《はふ》が載せられている格好だ。

ビルの並びで堂々と、聖なるものを通す空間を開くもの。当初は、そこがどんな神社か、何のいわくも知らないまま、吸い込まれるようにして鳥居をくぐったのである。

石段を登って、驚嘆した。境内の広さ、すがすがしさ。よくまあこんなところに、と驚かずにはいられない別世界がそこにある。

当今流行りの、都心の中のパワースポット、などという安易な表現が吹き飛ぶような、尋常ならざる重厚な空気。しかし由緒を聞けば、さもありなん、と納得できる。

なぜならこの神社が経てきた記憶は、まさしくお江戸の記憶、東京が今ある理由をすべて語り尽くしたものだからだ。

お江戸のはじまり物語

日枝神社とは、そもそもは京都の東北に位置する比叡山に、古くから先住していた神を祀ったものがルーツ。拙著『にっぽん聖地巡拝の旅』の取材時にも訪れたが、神様の名は大山咋神《おおやまくいのかみ》という。大山に杭を打つ、とは、その山の主、地主神であることをさしている。

そのため、山に群れ棲む猿が神の使いとされてきた。ここの神社では狛犬に代わって、猿が社殿の両脇にいるのもそのためだ。

その比叡山のふもとにあたる近江の地に、ある時、都が移されることになった。六六八年、天智天皇の時代である。

遷都の翌年、都が置かれた大津京の鎮護のために、それまで都があった大和国から三輪山の神様が移されてくる。そう、神様がコピーされ、別の地にもう一つ、お引っ越しとあいなったのだ。

大三輪神といえば、ご存じ、大物主神《おおものぬしのかみ》がご祭神。出雲に祀られ大国主命《おおくにぬしのみこと》という別名も持つことになるこの神様は、大和においては、天孫神武天皇がやってくるまで、日本の平定に大奮闘した国作りの神様だった。

日枝神社の猿のお像

天智天皇がこの神様をわざわざ近江へ勧請した気持ちはよくわかる。未開の近江で新しくまち作りをするにあたり、自分も大物主神同様、安らかにこの地を治め、平和な国を築きたいと、切なる願いをこめたのだ。

こうして、滋賀県大津市坂本の日吉大社に、もとからいた大山咋神と、大和から勧請した大物主神とが一緒に祀られることになる。

ところが、時が進んで平安時代。京都に都が置かれて平安京として定められると、比叡山は都の鬼門の方角にあたることになった。したがって、ここを守り鎮める神、すなわち鎮守の神として、もともとそこに祀られていた日吉神社は特別な地位に浮上する。

さらには、唐から帰った最澄がこの山に延暦寺を置いたことから、山岳仏教とあいまって、山王信仰として、深く根付いていくことになるのである。

結果として千年も続く都となった京都の鎮めの神になったのだから、全国から広く信仰を集めることとなり、各地に分社となって移され広まる経緯はうなずける。日吉神社や日枝神社、あるいは山王神社などという社名を持つ神社は、たいてい、ここから勧請を受けた神社であり、日本全国に約三千八百社あるという。

そんな一つに、川越日枝神社があった。

関東に移された日枝神社

国土の七割が山という日本では、古来、さまざまな恵みを山から享受してきたから、山に神性を感じることはきわめてしぜんなことだった。そして固有名詞である「比叡」を、「ヒエ」という読みのまま、どこにあっても馴染む文字で「日枝」と当てることで、それぞれの地の山に無理なく遷座させることができた。

自分の領域に山王を招いた人々の本意は、里の暮らしを安らかなものにしてほしい、長く平和が続いてほしいという、町づくりにかける基本的な祈りであっただろう。

近江遷都、平安遷都、新しい町が拓かれ都となる時、この神様を招いて祈りを捧げることが先例となったならば、江戸もしかり。新しく人の住む地として拓かれる時、この神が勧請されるというのは実にしぜんな発想だった。

文明十年（一四七八）、江戸城の築城にあたり、太田道灌《どうかん》は川越にあった日枝神社を勧請した。

神仏習合により、川越の無量寿寺で、鎮守として祀られていた神様だった。

その江戸城へ徳川家康が入ったのは一五九〇年。当時の江戸は、城の周辺といえば、守りに難い天然の堀として利用した川や海や湿地ばかり。いま市街地になっている東京のほとんどが海だったとさえ言われている。

家康はこの地で、埋め立てや水路の整備を行い、城下町としての機能を高めていくが、その出発点には、山を治め地を鎮めるこの神があったことは言うまでもない。家康は城内の紅葉山にこの神を遷座し、江戸城の鎮守としたのである。

慶長年間になり、二代将軍秀忠が江戸城の改築を行うが、この時、神社は城外に出されることになる。城にも近い麹町《こうじまち》隼町《はやぶさちょう》で、庶民も参拝できることになった。

ちなみに、日枝神社への将軍家からの寄進の石高は、当初の家康が五石、秀忠が百石、さらに三代将軍で六百石。各人の気前のよさやケチ度がうかがえるというむきもあるが、だんだん江戸の町が落ち着き、繁栄してきたことの現れととることもできよう。

江戸の町づくりとともに

江戸は二百六十年の長きにわたって幕府が置かれた実質的な首都となるが、その過程には、さまざまな艱難が訪れた。

一六五七年に起こった明暦の大火は、別名、振袖火事ともいい、文楽や歌舞伎などでは「八百屋お七」の演目で語りつがれている歴史上の大災害だ。家康以来、長い時間をかけて整備された江戸の町が、灰燼に帰したのである。出火は本郷の本妙寺といわれているが、別の場所からも出火して、折からの大風にあおられ、炎は江戸の町並みを舐め尽くす。武家屋敷、そして江戸城へ。炎は無差別に荒れ狂い、高層を誇った天守閣から本丸、二の丸も炎上。日枝神社も社殿を焼失したのだった。

火が鎮まったのは二日後のこと。江戸の町がいかに都市化が進み市街地が密集していたかをうかがわせる。なにしろ江戸は当時、ロンドンの人口の倍に当たる百万人を擁する大都市だったというから無理もない。

もっとも、日本人の不屈の精神は、みごとに復興都市計画をたちあげ、江戸は大改造されていく。そのための材木の供給を担ったのは、奥多摩川の山域だった。切り出した木は川に浮かべて、下流の江戸まで流すのである。

その山域にも、日枝神社の分社をみつけることができる。ＪＲ青梅線の古里《こり》駅から、川を左手に見ながら青梅街道を三十分。ハイカーたちと一緒に歩けば、愛宕山を背景に、鳥居が見えてくる。山には山の神様が、どこにも祀られているという、確かな証であろう。

こうして復興していく江戸で、万治二年（一六五九）、将軍家綱は、町の鎮護という使命の下に、麹町の日枝神社を現在の赤坂、松平忠房の邸地へと遷座する。なんと、この地は江戸城から見て裏鬼門に位置するのだ。

思えば、大津、京都、そして江戸と、山の神様は、発展していく都市、首都のかなめに、人の暮らしと一緒に歴史を重ねていく定めにあったようだ。

もっとも、約三百年後、日枝神社は三たび炎に包まれる。昭和二十年（一九四五）の東京大空襲で、またも社殿は焼失してしまうのだ。

今日、都心に残る社殿は昭和三十三年（一九五八）に再建されたもの。

私事になるが、長女が東京で家庭を持ったのでよく麹町に滞在する。官公庁関連のビルや大学、マンションなどが多い都市型の町だが、秋ともなると氏神である日枝神社の祭礼に彩られるのには驚いた。ビルとビルに清めの笹が張り巡らされ、軒先には提灯も。御旅所となったビルの入り口には神輿も休んで、クーラーボックスいっぱいの缶ジュースやビールがふるまわれるのは地方の祭と変わらない。

もちろん氏子であるとないとにかかわらず、年中行事となると境内は人であふれるため、わが家も娘夫婦に生まれた赤ちゃんのお宮参りではお祓いを受けるにも行列だった。

こうした新しい世代を受け入れ、日々、膨らみ続ける首都東京。それでも神は動かず、大地の力を守り続ける。どんなに政権が移りどれほど町の景色が変わろうとも、神社の杜は、日本人の町づくりにかける普遍の願いを受けて、そこに聖なるものを通し続けている。

将軍家の寺

一方、お江戸の寺院、といえば、東京をアウェーとする私がもっとも頻繁に目にすることになったのが芝の増上《ぞうじょう》寺だ。

大阪から飛行機でやって来た時、羽田から浜松町、大門と、都心へのルート上にあり、さらには、スカイツリーができるまでは東京のアイコンでもあった東京タワーの膝下というロケーションにあるからだ。

そうでなくとも、「水戸黄門」や「暴れん坊将軍」など時代劇を見ていたら、時折、将軍の関係で登場するのがこのお寺。それもそのはず、ここは徳川家の菩提寺なのである。

十五代におよぶ歴代将軍の中には、後世、そうした時代劇になって伝えられるような顕著な生きざまを残した人物はさまざまいる。しかし、彼らをささえた女性のことも、忘れて時代を通り抜けることはできないだろう。

増上寺には、あずま下りをした女性の中でもっとも身分の高い人の墓がある。十四代将軍家茂の正室、皇女和宮《かずのみや》である。

遠く京都の御所から、はるばる江戸の城中へ嫁に来た、といえば、現代の感覚ならば距離的にも時間的にもさほど大ごととも聞こえないかもしれないが、それは日本皇室の二千年ちかい歴史の中でも特記すべき、めざましいできごとであったのだ。なにしろ、将軍家から息女が天皇家へ入内することはあっても、その逆、皇女の降嫁、という先例はない。

まして都びとから見た関東人は、「東夷《あずまえびす》」と別物のようにとらえられてきた異文化の者どもだ。

内親王としての静かで雅な暮らしから、一転、黒船が来航して騒々しい幕末の風雲さかまく江戸城のまっただ中へ。それは関西と関東、公家と武家、日本を分かつものを一つにまとめ、和して新しい日本を作り、押し寄せる外国に対抗していこうという、公武合体のシンボルになることを意味した。これを運命と受け止めるには、世間の風とは隔絶した宮中の深窓に育った彼女にとって、どれほどの決意が必要だったろう。

夫家茂の死により、波乱の人生の目的を終えたその後は、なつかしい都に心を残しながらも異邦の江戸に眠る人。関西と関東、ホームとアウェーを、かくもたやすく往来ができる現代の幸運を、ぜひ墓前には伝えたい。

霊廟には、徳川将軍十五代のうち、秀忠、家宣、家継、家重、家慶、家茂と、六人がここに葬られている。

和宮の墓は、夫の、将軍家茂の墓と仲良く並んでいるのが、せめても彼女の人生の幸を伝えてくれる気がした。

家康の政治学と信仰心

ところで江戸を自らの本拠地に定めた家康は、士農工商の身分制度など、社会をなめらかに治めるためのこまかなきまりごとを作っていったことで知られる。武家にも、公家にも、農民にも、こうあるべき、と支配者に都合のいい理想像をことこまかく押しつけていったのだ。うるさいくらいのその指示たるや、案の定というべきか、仏教界も例外ではなかった。

たとえば大きな勢力を持つ紀州高野山に、門跡は学問僧が務めること、とか、塔頭大院の住職は学識豊かでなければならない、とか、実に細かしい法度を出したのを手始めに、「関東天台宗諸法度」「浄土宗諸法度」などなど、寺院諸法度として、有力な宗派、寺院それぞれに支配は及んだ。

元来まじめな日本人は、それにさからうことなく、三百年ちかく、彼の規則にマインドコントロールされることになるわけだ。

もっとも、彼個人としては、晩年、数々の合戦で無数の人を殺めた事実をひきずっており、心の救いを求めて深く仏教に帰依したことが知られている。

そもそも江戸という地名は、家康が旗印とした「厭離穢土《おんりえど》欣求浄土《ごんぐじょうど》」という浄土思想の言葉にも重なる。苦悩多く、穢れたこの世を厭《いと》って離れよう。そして欣《よろこ》んで平和な極楽浄土を求めよう。――戦国の世を穢土とし、平和な世を浄土としてめざす、それが家康の戦う大義となっていたのだ。

増上寺と東京タワー

その家康が天正十八年（一五九〇）、江戸に入城した折、通りかかった増上寺で、源誉存応《げんよぞんのう》上人と出会ったことが、後につながる深い縁の始まりとなった。おそらく二人の間には、武士と僧侶、立場を越えた深い人間の尊宗が生まれたのであろう。
家康は、もとは別な場所にあった寺を、江戸城の拡張に伴い、慶長三年（一五九八）、現在地の芝へ移す。

風水では、江戸の街の鬼門は上野。そして裏鬼門が芝になる。そこで上野に寛永寺を置き、芝には増上寺を、と考えたことも一因であろう。

増上寺には、同時に、僧侶の学問と養成のための檀林が置かれた。僧侶は僧侶らしく、よからぬ野望など持たずに専門職に没入せよ、との家康らしい考えの表れだ。合わせて関東十八檀林を設置するが、増上寺はその筆頭となる。

東京の来歴を今に伝えて

徳川幕府の崩壊後は、明治維新後の神仏分離の影響により、寺の規模は大きく縮小されるが、それでも戦前までは、秀忠を祀った台徳院霊廟、その夫人のお江《ごう》（またはお江与《えよ》）を祀った崇源院霊牌所ほか、家宣、家継の霊廟が旧国宝に指定されており、その壮大さは日光東照宮に引けを取らないものだったとか。

しかしそれらは、昭和二十年に受けたアメリカによる二度の市街地無差別空襲により、無惨に破壊し尽くされてしまった。

三月の空襲では北廟六十八棟が被災、続く五月空襲で南廟二十八棟。霊廟、五重塔をはじめとした建造物群のほとんどが灰燼に帰した。日本が戦争の代償として失った文化の蓄積の量は、惜しんで余りある。

厭離穢土、欣求浄土。家康がめざした理想の都市が、敵対した異国の武力によって焼き尽くされたことを知れば、江戸の主の山の神は、どんな顔でいるだろうか。

戦後は境内の広範囲が芝公園となり、東京タワーの建設時には墓地の一部を土地として提供した増上寺。時代の波を受け止め、なおも威風堂々、ここから江戸が始まったことをさし示す。

世界的な近代都市でありながら、たえず日本の来し方をふりかえることのできる歴史が隣り合わせる東京の真ん中で、タワーと並び、甍の大屋根をそびやかす寺は、いつ見ても褪せず錆びず、堂々としている。

第三章

お江戸の神様、東京の寺

――神田明神と明治神宮、そして浅草寺へ

古代から都が置かれて日本の文化の頂点だった関西では、日本史の教科書に登場するような歴史的な名刹、名社が日常を送る周辺にごろごろある。そのため、関西以外の旅先で土地の寺社を案内されても、見慣れた東大寺や法隆寺といった古刹を思い浮かべては比較してしまい、その規模や歴史について、ふうん、と微妙なリアクションで流してしまうことも少なくない。

神と仏の歴史においては、関西以外はどこも、文化後進の〝地方〟になってしまうのだからいかんともしがたい。

しかしこれはたいへん傲慢なことであって、どれだけ後発で、また技術的に素朴であっても、その土地に生きた人々が切なる思いで信仰した事実を胸に留める感性は大切だ。

文化は西から、都から。そのベクトルは否めないにしても、よきもの、ありがたきものが厳選

された東に伝えられたことにまず敬服しなければならないだろう。人々の大いなる選択眼なしには、けっして今まで継承されないことだったからである。

ということで、あずま下りのこの旅は、歴史の古さやオリジナリティに主眼を置くより、なぜその土地土地で、西の神や仏が迎え入れられたのか、その動機や事情の方に興味を注ぐことになろう。

今や、国を挙げて地方創生を声にし交付金をばらまかないといけないほど地方を圧倒し一極集中がはなはだしい東京。今回もまた、そのど真ん中にある神と仏を巡ってみよう。

西まで行けなきゃ東に作ろう

徳川家康が本拠地とすることになって、劇的に開発され発展していった江戸。

だから歴史の新しさはいかんともしがたく、どんな史跡も関西文化の影響を抜きには眺められない。そのことは当の江戸っ子たちはよく知っていた。だから、経済的にゆたかになった時、旅ごころをそそられるのは、やはり上方の寺、神社。長い歴史の中でその存在も名前もたっぷり広報されて浸透していた有利さもあるが、伊勢まいりなどは、誰もが納得し公認してくれる旅先になった。

『東海道中膝栗毛』が時代を超えたベストセラーになったのも、主人公の弥次郎兵衛と喜多八のエピソードもさることながら、旅のガイドブック的にちりばめられた情報が上方への憧れをかきたてたからである。人は、目新しいものにもとびつくが、時代を経てもなお価値を失わない本物には、謙虚に敬意を抱くものなのだ。

とはいえ、上方の寺社は特別な存在だ。今の感覚ならば海外への観光旅行のようなもので、生涯のうち行けるか行けないかわからない聖地巡礼ともいえた。

そこで、やはり近場に、ふだんお参りできる分社、分院が求められる。江戸を始め東国の、新しく開発されて人が住み始めた地にある寺社は、たいてい関西の本山本社から、クローンとしてコピーされてきたものといっても過言でないだろう。

こうした神社は、ぴったり人の暮らしに密着していた。日々の安全、なりわいの繁盛。そんな生活の中の願いは、思い立ったら朝飯前に、あるいはちょいと仕事の後に、近場の〝氏神〟さまがいちばん早く聞いてくれる。

神田神社は、その典型のような、江戸の庶民の神様だった。なにしろ膝元の神田はもちろん、日本橋や大手町、丸の内から秋葉原、そして築地魚市場など、広大なエリアの氏神さまとして信仰されてきた。氏子となるのはなんと一〇八か町会という数にのぼる。文字通り江戸っ子の総氏神さまともいえるだろう。

その名を「神田明神」として全国的に知られているのは、私としては、神田明神下に住む岡っ引き「銭形平次」の貢献が大と言いたい。平成育ちの若い子には、何それー、としらけられてしまうが、江戸っ子たちの人情あふれる様子をあますことなく描いて人気の昭和の長寿番組は、ここが舞台だった。

他にも、「神輿《みこし》深川、山車《だし》神田、だだっ広いが山王様」などと三つまとめて表現される江戸三大祭りの一つをくりだす神社としても有名だ。なにしろ神田神社の山車は将軍も見たいと思ったほどで、実際、上様にご覧に入れるため江戸城中にも入ったことから、「天下祭」とも言われた。祭りは江戸っ子たちの自慢であったことだろう。「神田囃子」は東京都の無形民俗文化財に指定されているから、東京は新しいばかりではないのである。

〝西〟対〝東〟で変わる神様の値打ち

お茶の水駅から神田川を渡って十分。文京区、とはよく名付けたもので、周辺には大学の校舎があったり、徳川五代将軍綱吉が儒学の振興のために設けた湯島聖堂があるなど、都心の喧噪からはやや落ち着く。

社伝によれば、創建は天平二（七三〇）年というから、いやいや、江戸は新しいなどと侮れなくなる。祀られているのは大己貴命《おおなむちのみこと》、つまり、国を作った大黒様だから、出雲系の氏族がこんな東国にいたことになる。

「古事記」によれば、八面六臂の活躍をして、やっと国を平定した大黒様は、ある時、天から下ってきた天照大神の子孫に、国をそっくり譲って出雲へ退いてしまう。おそらく何らかの政権交代があったと推察されるが、その時、大黒様を祀る氏族が、一部、こちらにも移住してきたことはまちがいない。

神田という名は、もともと伊勢神宮の御田を意味する神田があった土地というから、どういう関係にせよ、中央政権とのかかわりも深かったことがうかがえそうだ。

神田明神

そして平安時代、この周辺は、京の朝廷に対抗する人々で騒がしくなる。承平五（九三五）年に東国で叛乱を起こして敗死した平将門の首が、京から持ち去られて、この神社の近くに葬られたのだ。以来、東国の平氏を中心に、武将たちの崇敬を集めることになるのは当然のなりゆきだったかもしれない。征圧された〝東〟の人々にとっては、権力者である〝西〟に対する反体制の拠点といえただろう。

その後、時代とともに首塚の場所は移り、江戸城増築に伴いつつ現在地へ遷座したのは元和二（一六一六）年。それ以降、江戸総鎮守の神とされるが、やはり、東国に幕府を開きながらも西の朝廷への対抗心を捨てなかった為政者たちの、心の姿勢があきらかに見える。

もっとも、〝西〟の朝廷の反撃は来る。明治七年、都から明治天皇が行幸してくるにあたり、天皇が参拝する神社に逆臣の平将門が祀られているのはけしからん、ということで、平将門は祭神から外されてしまうのだ。

これは元来悪党とされた楠正成が明治になって忠臣となり、湊川神社を官幣して祭り上げられたのとは対照的だ。人の世の価値観によって、追い出される神様、持ち上げられる神様、まったく神様もおちおち鎮座していられない様相といえよう。

言い伝えでは、平将門討伐の祈願所だった成田山新勝寺へは、神田明神を崇敬する者は参拝してはならないといわれる。まさに、それぞれ事件を忘れず記憶に刻んだ土地の人々こそ、あっぱれというほかはない。

境内には信州・佐久高原で生まれた牝馬の神幸号がいて、ひっきりなしに参詣者が携帯カメラを向ける。歳をとるごとに白毛が増え白馬になっていく葦毛の神馬は、もちろん、西だの東だの、人の世界の進歩も変化もどこ吹く風とのどかに餌を食むばかりだ。

またしてもバトル――天皇を奪い合う東西戦

さて、関西の寺社が初詣の参詣者の数で競えばかなわないのが明治神宮。ここには正月三が日だけで三百万人が訪れる。さすが人口最多の東京、人の多さにおいては絶対負ける。

もっとも、表参道、明治神宮前と、メトロの駅名にもなっているのは古風な参拝道なのに、歩いている人々は必ずしも神社へ行くわけではなさそうだ。なにしろ付近は、原宿駅から一帯にかけ、若者が集まる最先端のおしゃれな町として有名なエリア。奇抜なファッションに目を奪われることもしばしばだ。

雑踏をかきわけ神宮御苑に進んでみると、またまた大勢の人の行列を発見。なにごと、と聞いてみれば、目的は加藤清正が掘ったと言われる「清正井」という井戸だそうだ。数年前にテレビでパワースポットとして紹介されてから、ブームになっているのだという。

しかし、私はあえてスキップ。こんなにたくさんの人がいては、いかに聖地といえども人間の放出する気の方があふれていそう。そもそもパワースポットとは、誰かがそう言ったからと従うべき地ではなく、自分の感性に響き、心を洗われる場所こそそう呼びたいが、どうだろう。

その点、広大な森が広がる鎮守の杜は、まさに神域、心身に新しい力を充填してくれるきよらかさに満ちている。

この神社の祭神は、明治天皇と昭憲皇太后。ついこないだまで実際に生きていた方々だ。創建も大正時代。新しい神社、という中でもこれ以上のものはないのではないか。

もともと明治天皇は、崩御後、京都の伏見桃山陵に葬られたのである。当然だった、明治天皇は京都生まれの京都育ち。たまたま明治維新で東京に移られたが、それは「遷都」ではなく「御幸」であって、京都の市民は、天皇はほんのちょいと東京へ用事でお出かけになっておられるだけ、という感覚でいる。多くの貴族が天皇に随行して東京へ去った中、留守居役を申しつけられた冷泉家などは、天皇のお帰りを待っている間に百五十年たってしまった、というところではないか。縁あって私も数年前から冷泉家で和歌を習わせてもらっているが、歌会始に乞巧奠《きっこうてん》など、伝統にのっとり年中行事を今なお欠かさず伝える姿勢には、留守の間を守る家の使命感を感じる。

片や明治天皇ご自身も、暑い東京の夏にふと清涼な京の御所を思い出されて、こんな歌を詠まれている。

ぬばたまの　夢にふたたびむすびけり　涼しかりける　松の下水

少年の頃に涼をとった御殿の記憶であろう。君主として公にはできない望郷の念だとすると、少しおいたわしくもある。ともかく、千年以上続いた都こそが天皇の家、永遠に眠るべきふるさとなのだった。

ところが、これを惜しんで、東京に神宮を建設したいとの運動が起きる。東京こそ首都、日本の総帥たる天皇がお眠りになるべき土地ではないか、という〝東〟側の主張である。

西と東、ここでもまだ対立は続くのだが、先にも挙げたとおり、数の論理では東には勝てない。大正三（一九一四）年、天皇がお好きだった代々木に神宮建設が決定する。

鎮守の杜を作って神を招く

古来、日本人の感覚では、神はきよらかな場所、つまり聖地でなければおわさない、という感覚がある。そのため、霊峰と呼ばれる美しい山や島、岩などが神の居場所と思われていた。さらに、神の居場所を守るように、ゆたかな鎮守の杜もなければならない。

たとえば京都の賀茂御祖神社《かもみおや》（下鴨神社）には「糺森《ただすのもり》」という社叢林がある。賀茂川と高野川の合流地点にある原生林で、その広大さは東京ドームの約三倍に相当する。神域ゆえに手つかずで現代まで保存された、文字通りの世界遺産である。

ところがここ東京にそんな聖地はない。荒れ地にすぎない場所に、どうやって神をまつるのか。当時の人は考えた。それなら人の手で、神にふさわしい鎮守の杜を作ればいい、と。

これは驚くべき発想の事業といえよう。現在まで日本各地で行われた、経済発展とひきかえにした開発という名の自然破壊をひきあいにすればよくわかる。木を伐り森をなくして平地にするのはどこでも誰でも行ってきたことだが、経済的には何をも生まないもののために、当時の日本人は、人工による森を作ったのだ。

正月の明治神宮

それが、今や都心のオアシスとしてすがすがしい緑に覆われた神宮の杜だ。これは元々あったものではないとわかれば、誰もが驚く。

面積七十万平方メートルもの荒れ地を杜にするについては、造園に関する一流の学者らが集められ、その実現化には、全国から一万三千人もの国民が自発的に労力奉仕に参加した。そしてこれまた全国からの十万本の献木を丹念に植栽していったのだ。

雨に恵まれ土にも恵まれ、人工の杜が百年を待たずに完全な森になったことは、自然の力がなせる奇跡であろうか。

むろん杜だけでなく、建造物も随所に見どころがあって時を忘れる。中でも、私にとっては、「二の鳥居」は見逃せなかった。

拙著『お家さん』で、明治時代に神戸から世界に雄飛していった総合商社、鈴木商店が、台湾に進出して大量の木材を扱ったことを書いたが、その代表的な樹木がここ明治神宮に運ばれてきているのだ。海抜三千メートルを超す阿里山の山ふところから切り出されてきた、樹齢千五百年の紅檜だ。明治の御代に新しい領土となった台湾から供出されたことに意味があった。同時に、明治天皇の偉大さを表すのに、神が宿るかとも思える巨大な檜は、他に二つとないシンボルだったのだ。

残念なことに、神宮造営時の巨大な紅檜の大鳥居は、戦後になって落雷で破損した。その後、大宮氷川神社の二の鳥居として移築されて現在に到っているという。地上に命を得たものは命尽きるまで循環させる。これもまた、神に対する日本人の思想であろう。

こうして眺めれば、明治神宮は、明治という〝現代〟の、人がなせるすべての力を合わせて創られた最新の神社なのだとわかる。

そんな神宮で、おきまりのおみくじを引いてみることにした。ところがそのおみくじが存在しない。くじはあるけど「大御心」となっており、引けば明治天皇・昭憲皇太后が詠んだ御製《ぎょせい》や御《お》歌《うた》を授かるというもの。

ちなみに私がいただいたのは、

「うつせみの代々木の里はしづかにて都のほかのここちこそすれ」

この地をこよなく愛した天皇の心をしのべる歌だ。ゼロから築かれて育まれた聖なる森を、大いなる遺産として、また眺め直した。

人の力で賑わい満ちる東京の顔

東京スカイツリーができたことで、浅草《せんそう》寺は新名所観光のルートに必ずといってよいほど組み込まれ、今や全国から観光客が押し寄せる。訪ねたのは平日だったにもかかわらず、雷門の前の記念撮影スポットは、日本人の団体客はもちろん、中国、韓国、世界中の観光客で賑わって、押すな押すなの混雑だ。

古くには観音信仰で栄え、ほおずき市など、折にふれ庶民が集まり、近代では浅草オペラで知られる娯楽場として発達するなど、常に活気にあふれた門前。そこは今また大きく変化をとげたように見える。

けれども今も昔も、人の集まる場所の悩みはゴミ。

江戸時代、寺としては、賑わうのはよいが聖地としての境内が汚れ散らかるのを憂い、一計を案じる。それは、門前で商いを許す代わりに境内の清掃を役務として課すというもの。結果的にはこれが定住の店を構えて並ぶ「仲見世」を生み出した。

仲見世を目当てにまた人は賑わい、さらに、境内西側奥の通称「奥山」と呼ばれる区域で大道芸などが行われるようになる。落語、文楽、歌舞伎などの興業もあっただろう。人々はそれを見たさにまた集まって、境内の賑わいはますます高まっていった。

そういえば今は亡き歌舞伎役者十八世中村勘三郎がまだ五代目中村勘九郎だった時代に始めた「平成中村座」は、ここ浅草・隅田公園内で催されたのが最初だった。私も勘九郎めあてに関西からはるばる浅草まで観劇に来たが、たいそうな賑わいだった。設営された仮設劇場は江戸時代の芝居小屋を模したものだったが、浅草寺では、ああした興業が日々、庶民を楽しませていたに違いない。

賑わう人が活気を作り、力を持ったあたらしい文化を生んでいく。まさに、寺が人に場を与え機会を与えた好例がここにある。人がすべての原動力なら、人の多い東京ならではの、寺と人との関係性といえよう。

変わらないものと進化するもの

〝歴史の新しい江戸〟にあって、浅草寺は東京都内最古の寺。それも、縁起が推古天皇三六（六二八）年にさかのぼるのだから、日本全体の中でも正真正銘の古刹だ。

広く「浅草の観音さま」と親しまれているように、浅草寺の由来は聖《しょう》観音にまつわる話で始まっている。『浅草寺縁起』等にみえる伝承によると、檜前浜成《ひのくまはまなり》と竹成《たけなり》という兄弟が隅田川で漁をしていると網に金色の仏像がかかったのだ。これを持ち帰ったところ、主人の土師真中知《はじのまなかち》には聖観音像とわかり、ありがたさにすぐさま自宅を寺に改めて仏像をまつることにしたという。これが浅草寺の始まりとのことだ。

観音像は秘仏とされ公開されたことはないが、高さ一寸八分というから約五・五センチの小さな仏さまらしい。

敬虔な漁師の網に金の物質がひっかかる話は洋の東西を問わずよくある民話の一つだが、そこにも、東国の素朴さがよく現れている。おそらく山中の修行僧らの持仏が水害などで流されてきたものであろうか。

関西では天皇や権力者による勅願寺、あるいは高僧名僧の創建になる寺が圧倒的に多いため、寺といえばすぐ立派な建造物を連想するが、地方の寺はまだ簡易な造りのものだったはず。漁師の主の家も、かりに分限者であったとしても、おそらく持仏堂があるのみの小屋であったろう。しかし、この創建の話からは、富も権力もない民衆が、仏をありがたいと思う心根だけで私財を捧げた事実が伝わってくる。それはまぎれもなく、真の信仰によって生まれた寺であろう。

以来、浅草寺は、鎌倉時代の『吾妻鏡』や『とはずがたり』など、さまざまな文献に歴史的人物が参詣したことで登場する。まさに、東国の信仰の拠点として広く名を知られていたことがうかがえるのだ。

そして天正一八（一五九〇）年、徳川家康が江戸に入府し、浅草寺を祈願所と定め、寺領五百石を与えたことで、その地位は揺るぎないものとなるのだった。

山号は金龍山。聖観音菩薩を本尊とし、元は天台宗の寺だった。ところが戦後、独立して聖観音宗の総本山となったとのこと。〝西〟が支配する古い伝統からの離脱、決別であろうか。そこには、あたらしい寺院のありようを探ろうとする、未来志向が見える気がした。

第四章　天下無双の火の聖地
――富士山本宮浅間大社～身延山久遠寺へ

一富士、二鷹、三なすび。初夢に見ればとても縁起がいいという、おなじみの三アイテム。その筆頭に来るのだから、やはり富士山は日本人にとって抜群の存在だ。

――と、さらり、常識のように書いたものの、「日本人にとって」という表現、ちょっとひっかかる。実は、この三つを新年の瑞兆ととらえた感覚は、もともとは関西人の感性らしいのだ。それというのも、三番目に上がる「なすび」は関西弁。関東の人は「なすび」とは言わず「なす」と言うのが普通らしい。だから、「一富士、二鷹……」は関西人のチョイスであったことになる。

なるほど、考えてみれば、ふだん、近くに富士山が見える地域の人にとっては、正月に見ようが記念日に見ようが、べつだん変わりはない。天気さえよければ、目覚めた時からそこにあるあたりまえの風景なのだから。

ゆえに、こうも言える。関東にあるものならたいていは先にそなえ持つ関西だが、唯一、ないのは富士山だけなのだ、と。

最初にそのことに気づき、宝であると記した関西人は高橋蟲麻呂《たかはしのむしまろ》。万葉集にはこうある。

日本《ひのもと》の　大和の国の　鎮めとも　います神かも　宝とも　なれる山かも　駿河なる　富士の
高嶺は　見れど飽かぬかも

——おっしゃるとおりである。

姿の美しい秀麗はたくさんあっても、単独でそびえたつ峰であれほど優雅な山は他にない。現に、冬の晴天の日に新幹線に乗れば、新富士駅の通過前後で、携帯を取り出し、カシャリ、と写メを撮っているのは、たいていは関西人か外人であろう。その日のSNSには、どれだけ多くの富士山がアップされていることか。

富士山を見た、その感動は今も昔も変わりはないのである。

東への往来の途上で富士を仰ぎ見、語り尽くせぬ感動を抱いたなら、家族や同朋に見せてやりたいと願うし、それがかなわないなら語って伝えてやりたい。聞いた者は、それほど美しい山ならば、めったに見られるものでなし、せめて夢で見たい、と願っただろう。それも初夢で見られたならば、その一年は遠い旅への飛翔がかなうかもしれないなどと、めでたい予感に期待して。

こうして、富士山は関西人の初夢に定着したのだ。そして、やがて全国に普及していく。

火山国である日本では各地にコニーデ型の山があるが、姿が似ていることからその土地の名を冠せ、伯耆富士、蝦夷富士、薩摩富士など呼ばれるのも一例だ。

さて今回は、夢を待たずに、自分で富士山へ行ってみることにする。関西人のみならず、日本人にとって特別な山、世界遺産に指定されたエリアへ、いざ、巡拝の旅。

こころにいつも富士山を

フジヤマ、ゲイシャ、ハラキリ。——外国からの来訪者にとっても、富士山はインパクトにおいて第一に記される日本のシンボルだった。

たとえば明治三十八年に汽船チャイナ号で来日したアメリカ人伝道師、ウィリアム・メレル・ヴォーリズも、横浜港に停泊する船の中から富士山を見た。夕映えに浮かぶ山影は彼の旅情を最高点へといざなったようで、彼はこの時見た富士山を日本人の象徴としてとらえ、後に山頂へ登ることにもなる。数々の名建築を残し、同時に近江兄弟社を拠点としたキリスト教伝道活躍で知られるヴォーリズだが、やがて多神教たる日本人に帰化し、日本の土に眠ることになるのだから、旅の到着点を富士山が迎えたというのは運命的としかいいようがない（詳しくは拙著『負けんとき　ヴォーリズ満喜子の種まく日々』で）。

むろん、外国から来た人々のみならず、遠い外地に出かけていった日本人にも、富士山はつねにシンボリックに存在した。

数年前、取材で訪ねた台湾で、日本領有時代の名建築をいくつか目にしたが、その一つ、北投《ペイトウ》に築いた湯治のための療養施設では目を疑った。そこにも、かつて日本じゅうの銭湯の壁に描かれていたものと同じ富士山の絵が、ステンドグラスで描かれていたからだ。

日本人が台湾のことを、植民地ではなく日本固有の領土としてとらえていたことがうかがえる、まぎれもない建築遺産である。

富士山はそのように普遍的に、一日の疲れを癒やし命をよみがえらせる場において、もっともくつろぎなごむ風景であったのだ。

もっとも、高さ三千メートルを超す山容は天気によっては全貌が見えないこともあり、現にヴォーリズが見たのは頭を雲に覆われた台形の富士山だった。また、現在はおとなしくしているが、過去には何度も噴火し周辺を荒廃させたおそるべき災いの山でもある。

二〇一三年に世界遺産に指定されたのも、単に風景が美しいからというのではなく、その正式名称にあるように「信仰の対象と芸術の源泉」というのが理由だった。

では、富士山の信仰とは何なのか。まずはお膝元、富士山本宮浅間大社を訪れてみた。

おそるべき火の山、富士

新幹線の新富士駅から車で三十分。本宮の赤いお社が見えてきたら、すでに富士山がどこかに見えてもよさそうなのだが、この日は雨。無念にも、灰色の雲が、重くどんよりたれこめて視界をさえぎる。

「本当はあの位置、鳥居の向こうからだと本殿ごしに富士山がぱっかり見えるのですが」

禰宜《ねぎ》の小西英麿さんの案内で、〝本当はそこにあるべき富士山〟を想定しながら、広さ約一万七千坪という境内をめぐる。富士山がないとなると、まず眼につく背の高いものといえば、社叢林からにょっきり頭を突き出す本殿だ。他では見ない二階建ての楼閣造は、「浅間造り」と呼ばれ、棟高は四十五尺もある。徳川家康の寄進になるもので、ほかに、現存するのは合わせて四棟ある。

人の手による建造物もさることながら、東脇門を出たところにある清らかな池は、それが何と知らなくても、誰でも足を止めることになってしまう。「湧玉池」と呼ばれるその池には、富士山の溶岩にしみこみ地層深くくぐりぬけてきた雪解け水が湧き出しているのだ。特別天然記念物に指定されているこの水は、底まで透けて石の形の一つ一つを認識できるほどに澄み、眺めるうちにもこんこんと湧いて流れてやまない。古くから、山頂をめざす登山者なら必ず、この池の霊水で禊《みそ》ぎをして臨むのが習わしだった。

ということは、この聖なる水が湧く場所が、聖地として祀られたということか。

「いいえ、昔は富士山麓のさまざまな場所で、祭祀はおのおの行われていたようです」

なるほど、独立山である富士山を拝める場所はいたるところにある。古木や磐《いわ》、湧水などの自然の造形を通し、富士山をじかに神と見立ててお祀りするという、日本原初の形態をとっていたのであろう。

小西さんによれば、宮が今の位置に定まるまでの変遷は『富士本宮浅間社記』に記されているそうだ。

まず最初に登場するのは古代。富士山の大噴火で、周辺は荒れ果て、不毛の地になった。七代天皇孝霊帝の御代というから紀元前、ほとんど神話の時代の話である。

そして十一代天皇垂仁帝が、この惨状を鎮めるために祀ったのが浅間大神。これがそもそもの起源であるという。

この表記からは、富士山の噴火による被害は四代の天皇にわたるほど長い期間——時間にして二百年を超す歳月の間、続いたことがわかる。いずれの天皇も大和にいた人だから、復興の策が遅くなったのも無理はない。何といっても、富士山を含む東国は、まだ先住民の地であったのだ。

彼らが随所で祀っていた火の山の神が、やっと一カ所に統一されることになるのは日本武尊《やまとたけるのみこと》がこの地に赴き、ようやく大和がこの地を征服したことによる。現在の「本宮」よりもさらに北に六キロほどの位置に、「山宮」が祀られることになった。

今でこそ周辺に人家はあるが、当時は深い森の中であったであろう。上り坂の参道を進んだ先には社殿はなく、木立の間に富士山を望める神秘的な空間であったことが確かめられる。祀りの統一は、政権の統一と表裏一体。そして神々もまた、統治者と民とをつないで、一つの姿に統一されていくわけだ。

さらに時代は下って奈良時代。坂上田村麻呂が東国の先住民を平定し、ほぼ全域を大和政権の支配下に置くこととなった時、山宮に祀られていた浅間の神は現在の本宮の位置に遷座させられる。統治者の力が増して文化力も磨かれていくと、神々への崇敬もそれに比例し、立派に具現していく好例であろう。

以後、大和の領地として鎮めのために置かれたこの宮は、その後も東国を領地とする武家政権の、数々の権力者の崇敬を集めて現在に至る。

〝浅間〟が意味するもの

火を噴く山を鎮め、人の暮らしに平安を。

そんな願いによって祀られた浅間大神。現在では音読みで「センゲン」と読むが、字面は「アサマ」。これは、地理を知っている者にはちょっと不可解なことになる。なぜなら浅間山といえば群馬県と長野県境にある火山で、富士山とはつながっていないはずなのだ。

けれども、全国の千三百余ある浅間神社の総本宮といえば、この富士本宮、駿河国一之宮をさすのである。浅間山のある群馬・長野ではない。まったくもってややこしい。

「古くは、火を噴く山のことを〝アサマ〟と言っていたようですね」

との小西さんの説明にはいちおう納得するものの、それって何語？

一説によれば〝フジ〟もアイヌ語であるとのことだから、大王家が関西で大和という国家を統一するずっと前、まだ文字を持たない先住民は、列島のいたるところで火を噴く山々を見ては〝アサマ〟と呼んでいたのかも知れない。

人の近づけない山頂周辺は浅間大神の神域。不可侵の地だ。しかし時を経て噴火もおさまり平穏が続くようになると、人々はかつて火を噴いた山への畏怖の念から、そこに登って現場を見極めてみたいという願望にかられるようになる。これが富士登山の始まりだ。

すでに平安時代には都良香《みやこのよしか》という人物が『富士山記』を著し、富士山頂上の様子を書き記しているが、そこには山岳修験道の祖である役行者《えんのぎょうじゃ》も富士山頂を極めたという伝説も収められている。役行者といえば、日本じゅうの名だたる山に〝開山の祖〟として名を残している人だから、富士山ほどの目立つ山を登らないわけはなかっただろう。

とはいえ、まだまだ富士登山は珍しいことであったようだ。

これが盛んになるのは江戸時代初め頃で、修験道とは違うかたちで興った大日信仰による。

さらに江戸時代中期になると「富士講」へと発展していき、団体で山頂をめざす者は関東を中心に急激に増えていった。庶民の知恵は賢い。一生のうちに一度は富士山を見たい、登りたいと願うものの、その旅費や宿泊費など資金を一度に負担できないことから、近隣で「講」というメンバーを組んで少しずつ積み立て、その総額で順番に旅に出る、という仕組みを作ったのだ。

もはや、山そのものを神体として遠くから遥拝する、というそれまでのスタイルではない。さらに、べつだん富士山が見えるとも思えないような地に浅間神社が祀られ、ミニチュア版の富士塚を作って登るなど、人々は神体である富士山へずんずん踏み入り、上へ、高みへと思いを募らせていく。

やがて彼らのめざす聖地へも、みずからの足で、体で、頂上・極に絞られ、独特の信仰形態をとって発展していくのである。

山頂には何がある

富士山八合目以上は「奥宮」の境内地であり、その広さはなんと約百二十万坪に達する。

身延山久遠寺飛び地境内の七面山から望む富士山（撮影＝若林純）

そしてはるばる登ってきた人々がめざすのは、やはり噴火口。旧噴火口である大内院周辺には剣ヶ峰、白山岳、久須志岳、成就岳、朝日岳、浅間岳、駒ヶ岳、三島岳の八神峰がそば立ち、これを巡回するのを「お鉢廻」という。お鉢、とはうまく名づけたもので、噴火口がまさに巨大なすり鉢になっているからだ。

そしてここに浅間岳が登場するから、やはり富士宮にアサマをくっつけるのもおかしくはないわけだ。

それはさておき、はるばる登ってきた人々がもっとも聖なる場としてめざす場所——崇敬のまとは、この噴火口ということになる。

「正確には、噴火口の〝底〟ですね」

との小西さんの言葉には思わず、そうだったのか、と唸ってしまう。岩を溶かし火を噴いて、すさまじいエネルギーを爆発させる源。二合目分の深さに達する噴火口の底にこそ、人々は人知の及ばぬ神の力を感じていたのだ。

富士山頂への登山者数は、信仰のあるなしを別として二十八万人（二〇一四年）を数えるらしい。いったい彼らは何を求めて登るのか。それは、富士山を讃え、火口の底に聖なるパワーを感じてやまない日本人の遺伝子がそうさせるのだとしか言いようがない。それはある意味、災害とともに生きなければならない運命にある民族的なベクトルなのであろう。

身延山へ吸い寄せられて

この富士山の山麓に連なる身延《みのぶ》山に、寺を開き、みずからの死後も安住の墓所として選んだ人物がいる。

日蓮宗の開祖、日蓮。天皇から日蓮大菩薩と称され、立正大師の諡《し》号も受け、今も「日蓮聖人」とひろく親しみをもって呼ばれ続ける人だ。

その身延山を訪れるために、富士山の裾野をぐるり、車を走らせ、山梨県へ。道中、B級グルメで一躍名物になった「甲府鳥もつ煮」を昼食にいただくなど、身延山へのドライブは、参拝が目的でなくとも、大自然の中をゆく楽しみな道だ。途上、いくつもの大きな寺が現れるのも、自然ばかりでなく変化に富んだ景色といえる。やはり富士山を望む裾野は、仏教のみならず、多くの人が霊気にみちたすがすがしい地であると感じてきた、特別な場所であることを再認識する。

めざす身延山久遠寺は標高約四百メートルの山麓にある。日蓮宗総本山である。山の周辺には鷹取山、七面山など高い山があり、いずれも日蓮宗の修行の場であるように、一帯の山が自然の神秘に満ちた霊気を漂わせている。もっとも、山頂へはロープウェイで七分程度。簡単に登れることから、山頂部の展望台では、富士山狙いの観光客で賑わっている。晴天の眺望はすばらしく、駿河湾、伊豆半島まで見晴らせるとか。

電車で訪れれば、身延駅前の整然と整えられた商店街がまず出迎えてくれることになる。参道に近づくごとに、銀行から郵便局、学校と、人の暮らしに必要な施設のすべてがそろっているのを知ることになり、この寺が作りだした人の賑わい、なりわいを感じ、山の引力の大きさを思うことになる。

総門をくぐり、樹齢何百年を経たであろう古木の参道をはるばる昇り、三門へ。境内にたどりつくだけでも息切れのするはるかさだが、ここからは広大な寺域を宝物館学芸員の林是恭さんに案内していただこう。

現在なお燃える法灯

まず見えてきた五重塔の、風格のある紅殻色。木立の緑とあいまって、その色彩の妙に道中の疲れもなごまされる。だが意外にも、その塔の建立は新しかった。

「明治八年の大火で焼失したのを、二〇〇九年に昔の姿のままに再建された宝塔です」

林さんの説明に、再度、塔を見上げ直す。なんと、ついこないだのことではないか。

「木材は全て国産を使用し、設計から工法にいたるまで四百年前に建てられた元和の塔を復元したのですよ」

百三十四年ぶりによみがえらせるについても、目を剥くばかりの新しさ、色彩で完成させるのでなく、山の霊地になじむ、年経た風情で仕上げたというのも、ものづくり日本の技術の集大成というところか。

久遠寺大鐘楼と五重塔（撮影＝若林純）

次いで、一度に二千五百人を収容しての法要を営める広さをそなえた本堂をはじめ、祖師堂、報恩閣など、荘厳な建物が並び、圧倒される。いずれも、日蓮聖人の七百回忌や開宗七百五十年といった記念事業のたびに全国の人々からの志で再建されてきたものだ。たしかに、バリアフリーであったり斜行エレベーターが備わっているなど、すべての弱者へのやさしい配慮は、今だからこそ実現できる技術だろう。
ほかに釈迦殿納牌堂、法喜堂や、身延山大学、高校などの施設がぐるりと並び立つ広大なエリアは「東谷」と総称される。あまりに境内が広いため、もう一つのエリア「西谷」へは、林さんの運転で、車を使って連れて行っていただく。

最初に訪ねたのは御草庵跡。日蓮聖人が実際に約九年間住まわれたという跡地である。すぐそばで渓流の音がするが、おそらく身延の山を駆け降りてきた水だろう、そのせせらぎは急で、激しいほどの勢いを感じる。ゆたかな水量のせいか、あたり一帯はしっとり潤い、樹木の気に満ち、石だけが残る草庵跡地も、びっしり緑に覆われている。

人の生命をつなぐ「水」の絶えない場所を選んだ上人の、人間としての根源的な強さが伝わるその場所は、なぜか離れがたく、樹齢を重ねた大木たちをいつまでも見上げていたくなる。

戦う僧と癒やす仏

日本史の教科書どおりに記すなら、日蓮は現在の千葉県鴨川市である安房国長狭郡東条郷片海《あわのくにながさごおりとうじょうごうかたうみ》の小湊《こみなと》で生まれ、十六歳で出家、京都の比叡山で修行し、都周辺の寺で学びを重ねたのちに故郷の安房へと帰り、日蓮を名乗り、初説法を行った。

しかし、一人の僧の誕生とおいたちは、決してプロフィールだけでは語り尽くせない。

「お聖人さまが最初に日の出に向かい『南無妙法蓮華経』と題目を唱えられた時を立教開宗と言います。したがって、日蓮宗が開かれたのはその日ということになっています」

建長五（一二五三）年だから、鎌倉時代末期のこと。その頃、日本は、長い国史のうちでも初めてといえる海外からの侵略の危機にさらされていた。元寇《げんこう》である。

この国難に際して日蓮は、再三、幕府に諫言するが、聞き入れられず、同じく国家安泰を祈る他宗派との論争も激しくなる。その説くところは「法華経」をもって万民を救おうというものだったが、受け入れられることはなく、佐渡へ遠流に処せられてしまう。

ふたたび鎌倉にもどってもなお志を曲げない日蓮を、心から慕う信者の一人に甲斐国波木井《はきい》郷の地頭で、南部六郎実長がいた。彼の招きによって日蓮は西谷の地に草庵を構えることとなる。

そしてここで法華経の読誦の日々を送り、弟子や信徒を育て続ける。それは一度目の元寇が押し寄せた文永十一（一二七四）年のことだった。日蓮宗ではこの年を聖人身延入山、開闢《かいびゃく》の年としている。

それにしても、流罪になろうとも権力者に立ち向かった、日蓮のその激しさの根源とは。

「自分の大切な赤ちゃんが、無力ゆえに危険にさらされていたら、お母さんは悲鳴を上げて危ないと叫ぶでしょう？　きっとそれと同じ心境だったと思います」

林さんの説明には、ああそうだったのかと深く納得できるものがある。国を憂い、民を案じる。それは、自分が国事の決定権や行使権を持つ為政者であるならともかく、一国民として見守るだけしかできない立場であるなら、声を届けることは大きな使命であろう。

国際化の時代となり、さまざまな外交の場にさらされ、国益を左右されかねない現代。一国民としてどうあるべきか、数百年前に戦った日蓮の姿から学ぶことは大きい。身延山の清涼な空気をへだて、火を噴かなくなって久しい富士が、曇天の中、やっと姿を現した。

第五章

辺境を守る東国三社と鎮めの寺

——香取神宮〜鹿島神宮〜息栖神社、成田山新勝寺へ

東へ下って神仏を訪ねる、というこの旅も、回を重ねれば重ねるほどに、関東の寺社の特徴がよくわかってきた。

たいてい関西にある本社・本山から遷座されたり勧請されたりしたというご由緒が多く、あまり当地限定オリジナルという神様が見当たらないのは、やはり関西と比べて歴史が浅いからか、という見解。関西にはない唯一の存在である富士山ですら、神を祀って噴火を鎮めようと願ったのは大和にあった政権の力によった。したがって、祀られているのは木花咲耶姫《このはなのさくやひめ》という、やはり関西生まれの女神なのだった。

大胆に表現すればこうも言える。関東の神社はどれもクローン。西日本に原型を持つ発展形、ということになりそうだと。

だが、はたして、すべてそうなのか。

『古事記』『日本書紀』といった上代の記録が物語るように、たしかに、日本の神の歴史は西国から始まっている。そして、高千穂に降臨した天孫から始まって、奈良で国家統一を果たすまで、あらゆる神々は西国で生まれているから、それぞれを祀る神社のオリジナルが西国に集中するのは当然だろう。

ところが、一事が万事、神々をめぐる文化は都のある西国から、と思っていたら、それに当てはまらない特異な神も存在することを発見した。

今回は、『古事記』『日本書紀』の時代にさかのぼり、都より古い歴史を持つ東国のお社を訪ねてみよう。

鹿はどこからやってきた?

関東へ旅立つ前に、まずは関西、奈良を想起してほしい。

国宝が集中し、世界遺産にも指定されている古都。優美な寺院を訪れ、由緒の古い神社を訪ねるだけで、一千年をゆうに超えるこの国の歴史がせまり、これほど繊細に磨き抜かれた文化を築いた日本人であることへの誇りが滲んできたりもする。

そして、行けば必ず、ああ奈良に来た、と実感させてくれるのが、路上で無邪気に迎えてくれる鹿たちだ。

人間に飼育されているわけではなく、広大な奈良公園一帯をすみかとする野生の動物で、国の天然記念物にも指定されている。もともと春日大社の神使として、古くから手厚く保護されてきた歴史を持つ。

そのため、事故であっても故意であっても鹿を傷つけたり殺したりすれば厳罰に処す、というのが決まりだった。

その刑罰をめぐる人間模様は、落語の「鹿政談」におもしろおかしく描かれていて笑わされるが、極端な話、家の前で鹿が死んでいると、鹿殺しの嫌疑がかけられ、最悪は死罪もある。それゆえ、驚愕しながら鹿の死体を隣の家の前にひきずっていき、難を逃れる。それを隣の家が発見し、また仰天しては隣へひきずり、次々みんながこっそり隣へ動かしていく、といったあんばい。ついには鹿を犬だと言い切る名裁きにより人が救われオチがつくというものだ。

鹿を気にせず何の心配もないまま朝寝できるほど幸せなことはない、ということから、「奈良の寝倒れ」という言葉も生まれたほどだ。おかげで奈良の商家はどこも早起き。それほどまでに、人の生活に密着した存在となっているのが鹿なのである。

しかしルーツを聞けば意外な気もする。これら奈良のシンボル、鹿たちは、天平時代の春日大社創建の際、もともと茨城県にある鹿島神宮の祭神武甕槌命《たけみかづちのみこと》が奈良まで乗ってきた神鹿であるというのだ。

茨城といえば常陸国《ひたちのくに》。都を遠く離れた関東の地だ。そう、政治を行う朝廷がある平城京から見れば、まだ先住民の気配穏やかならぬ辺境の地にすぎない。そこから奈良へ、神が遷座するとは、明らかに、他の神々を祀る神社のベクトルとは逆行している。

いったい鹿島神宮とは、どんな由来なのだろう。

神剣を祀る古社

鹿島神宮の創建は、紀元前六六〇年の神武天皇の即位の年、となっている。実際には四世紀以降のことではないかと言われているが、それでも、おそらく関東でもっとも古い神様と言ってもよさそうだ。しかも「神宮」とされるように、伊勢と並ぶほどに格式の高い宮であったことが一目瞭然。

けれども、そこに祀られているのは、この地とは何の関係もない、出雲の国譲りに登場する神様なのだ。

神話の時代、地上を治めていた大国主命は、そろそろ国を譲れ、と言ってくる天界からの遣いの神たちをのらりくらりとかわしていたが、いよいよ天照大神は業を煮やし、武神として名高い武甕槌命《たけみかづちのみこと》を派遣してくる。これにはさすがに大国主命も、無益な戦いを避け、出雲へ引退する、という結末。

　タケミカヅチが血を流すことなく政権交代をなしとげたことから、平和なニュアンス漂う〝国譲り〟となってはいるが、実質、大和の神が武力を笠に、出雲の神から国をぶんどった、としかとれない乱暴な話だ。けれども大和側からすればタケミカヅチは、そのぶんどりの立役者。それを祭るのが鹿島神宮なのである。

　ただし、神話が記されている『古事記』や『日本書紀』には鹿島神宮についての記載はないのだ。したがって、これらの神々を祀るに至った由緒はもう少し後のことだろう。

　神宮の存在が確認されるいちばん古いものは『常陸国風土記』で、その頃までにはこの地に鎮座したことが伺える。おそらく朝廷から、東国の平定神として祀られたのであろう。東国ではまだ蝦夷が勢力をふるって抵抗していたから、睨みをきかせる意味でも、力の強い神様を置くにかぎる。タケミカヅチは国をぶんどる軍神だし、「韴霊剣《ふつのみたまのつるぎ》」と呼ばれる国宝の長大な刀が収められていることからも、ここに神宮を置いた意図にはうなずけるのだ。

　その刀だが、ほかにも、神刀を収める神宮はいくつかある。石上神宮では国宝の七支太刀《しちしのたち》が名高いし、熱田神宮では日本武尊《やまとたけるのみこと》が駿河平定の際に降された「草薙剣《くさなぎのつるぎ》」。古代、刀や剣は、神に守られているとの正当性を主張する、何より定かな具象物だったのであろう。

　しかし七支太刀のその奇怪な形は言うまでもなく、三メートルちかい長さを持つ韴霊剣も、それらは何かを切るという実用的な役目のものでなかったことは一目瞭然だ。こんなものを振り回しても人は切れない、殺せない。

とすれば考えられるのは、刀は魔を祓うもの、悪を切り取るもの、という意味合いだ。つまり、神刀は、人を殺すための武器ではなく、悪や魔から自分を守るための精神的な道具であった、ということに落ち着く。とりわけ、国家の統一を果たした大王である天皇家では、こうした魔を祓う刀と並んで鏡を神器とし、清浄の証としてきたほどだ。

それほど象徴的な神剣が祀られていること一つとっても、鹿島神宮がいかに国家にとって重要な宮であったか、誰も異論はないのである。

氏族の繁栄——氏神の出世

さて、鹿にもどろう。

古代、鹿島神宮が重要な神宮であったことは理解できたが、では、どうして大事な地からわざわざ奈良まで移ってくる必要があったのだろうか。

移った先は春日大社。藤原氏の氏神として、また平城京鎮護のために、三笠山の麓に祀られることになる。時は神護景雲二（七六八）年だから、称徳天皇の御代。拙著『天平の女帝　孝謙称徳』でも描いたが、長い日本の皇統の中で、後にも先にもただ一人、女性で皇太子となった古代最後の女性天皇だ。藤原氏の血を引く天皇で、父聖武天皇の后であり母でもある光明皇后は、日本史上初めて臣下から皇后に立った藤原氏の娘だった。つまり、大化の改新（乙巳の変）以来、長く天皇家をささえてきた藤原氏の勢力が、ついに最高潮に達した時代とも言える。

そのあたり、遷座について、春日大社権禰宜《ごんねぎ》の中野和正さんにお話を聞いてみた。

「もともと藤原氏は中臣氏と呼ばれ、祖である中臣鎌足は常陸の鹿島の出身ではないかと言われているのです」

いわく、鎌足という人物がどこから来たかについては諸説あって、九州の出身だとも、渡来系だとも言われたりするらしい。

「中臣氏は神武天皇の大和への東征で一緒に大和へ移動し、大和朝廷の側近となった家です。四世紀には大和朝廷が東国へ領地拡大をはかったようですが、その時、常陸に派遣されたのではないかと考えられています」

そうか、藤原氏の祖はもともと、常陸に勢力をもった氏族であったというわけだ。

それがいよいよ、祭神のタケミカヅチをまるごと奈良の春日大社へ勧請した心の内には、都を氏族の終のすみか、二度と動くことのない拠点である、と定めたことを意味している。事実、藤原氏はその後天皇家と一体となってこの国の中央で揺るぎない繁栄を築くのだから、守り神は身近にあった方がいい。

そうしてこの時、神様を乗せてはるばる奈良までやってきたのが白鹿、というわけだ。つまり、一豪族が都の中央に上るほどの大出世をとげたことで、氏神様も呼び寄せられ、遠い東国のもとの場所は、破格の待遇で崇敬されることになったことがくみとれる。

こういう時、クローンという考え方は合理的だ。神が奈良へお移りになったといっても、すっかりいなくなったわけではなく、後が空虚になったわけでもない。そこには以前のままに神はおわすのだ。それゆえ、東国を拠点とする歴代の武家政権は武神としてこの神宮を崇敬してきた。現在でも、武道をたしなむ人々からは篤い信仰を集めている。

鄙《ひな》から都へ、白鹿に乗った神様の出世コース。伝説にはいつも、どこかしら人間臭い力のベクトルが覗いて見える。

国譲りを果たした関東の神

そして、もう一社。関東で神宮といえば、鹿島とワンセットのように挙げられるのが下総一の宮、香取神宮である。

先述の国譲りの神話にもどってみよう。鹿島神宮に祀られている武甕槌命が、大国主命に国を譲れと強談判しに行った時、もう一人の神様の連れがあったのだ。経津主命《ふつぬしのかみ》である。

二人は大国主命が治める出雲の稲佐の小汀に着いて、十握剣《とつかのつるぎ》を抜いて逆さに突き立て、武威を示された、とある。ここからも、剣が人殺しの道具として使われたのではないことが明らかだ。それゆえ、剣は神の具象形ということになった。

フツヌシを祀るここ香取神宮でも、やはり経津御霊剣《ふつみたまのつるぎ》が神剣として祀られている。

こちらも「神宮」。その格式にふさわしい広大な神域を、朱で彩られた総門、楼門と進んでいけば、荘厳な境内は巨木に圧倒されるばかりの聖域になる。私が訪ねた時は改修が終わったばかり。拝殿は漆も新しく、細部の彩色も鮮やかで、神々しさに身も引き締まる気がした。さすが神刀によって祓い清められた地とは、かくも清新な空気の満ちる空間なのかと実感できよう。

さらに木立の中を奥宮へと参拝すれば、「要石」へと至る。光沢のある凸型の石はたいして大きくないが、実は見えているのはてっぺんのごく小さい部分にすぎず、地下に巨大な石が隠れていて、はるかに離れた鹿島神宮の要石と繋がっている、と言い伝えられているとか。

ちなみに、鹿島神宮の要石は凹型で、地震ナマズを押さえているということだから、東国にあって珍しく由緒古く格式高いこれらの二つの神社は、つねにワンセットになってその役割を果たしているのがわかるのだ。

東国三社めぐりとは

神話のヒーロー、大国主命を退かせるというはなばなしい手柄を立てた二柱の神々は、高天原

香取神宮楼門

から出雲まで、歩いて出かけたわけではない。そう、神話には、天《あめの》鳥船《とりふね》に乗って、と記されている。

その神を祀った神社は、同じ東国、二社からさほど離れていない場所に存在する。息栖《いきす》神社がそれだ。

海辺に面して立つ一の鳥居のそば、「忍塩井《おしおい》」は、海に迫る汽水域にありながら、清水が湧き出しているというもの。古来名水とされてきたが、水が神体、というのは、人の生活に近しい神様という印象があり、古木の多い境内も、先に訪ねた両神宮の張り詰めたようなたたずまいに比べれば親しみの持てる規模といえる。

後世、東国が平定されてしまうと、アメノトリフネは、武神を出雲まで安全に案内したということで交通安全にご利益がある神様として拝まれ、運送関係の人々からの尊崇も篤い。

人の願いは時代とともに、状況とともに移り変わる。けれども祀られる神様だけは変わりなく、勝手な人間たちの欲望願望を受け止め、静かにその地に立ち続けるのだ。

これら三柱の神々を祀った神宮神社を参拝することを「東国三社まいり」としたのは、実にバランスの取れた感覚といえそうだ。国譲りのような国家の大事に、力の強い武神だけではだめで、彼らを助ける乗り物がそろって初めて、力を発揮し軍功を立てることができると示している。また、それほどに、東国という新しいエリアの〝国譲り〟をもくろむ大和にとっての、強く激しい願望がこめられていたとも読み取れるのだ。

現代にも生きる神々

利根川、常陸利根川、霞ケ浦、北浦などを介在させる千葉と茨城の県境は、情緒ゆたかな水郷として知られている。水辺は人の心を惹きつけずにはおかないようで、江戸時代には、息栖神社がある河岸には、東国三社参詣の人々や下利根川地方遊覧の人々が各地から訪れ、上り下りする乗合船や遊覧船でたいそうな賑わいだったという。

現代では、これら東国三社は、単に参拝や観光の楽しみだけでなく、さまざまな仮説を導く遺跡としても人気のようだ。たとえば、鎮座場所を結ぶとほぼ直角三角形になる、といった地図上の視点から、古代イギリスの巨石遺跡群などに見られる直線レイライン（ley line）が、この三社にもあてはまるのでは、とか、あるいは、三社が富士山を意識して建てられているのではないか、などなど。

しかし、大事なことは、これら古代の建築である神社神宮が、けっして単なる地上に刻まれたランドマークではないということだ。そこに人の切なる願いと思いがこめられていた記憶こそを、この先もずっと継承すべきだろう。それは、この国が東も西もなく統一され、永遠に平和であれと、魔を祓い、悪を切った先人の思いにほかならない。

三社を巡れば遠い昔、先住の民と、後から来た大和とが、この地を境界として、いかに土地を奪いとるか奪われないか、命を賭けてせめぎあった歴史が、しのばれる気がする。

もう奪ったり奪われたりは避けたいが、最近、日本の有する海底資源や珊瑚を巡って海の国境周辺がひどくかしましい。この様子では、近々、また神々のお出ましが必要になるのではないかとも考えるのだが、どうだろう。

仏縁が有名にした東国の寺

さて、古代から時が進むと、願いどおり、東国は大和朝廷に平定されて、実質、日本は一つになった。しかし、人の世に争いの火種が絶えることはない。朝廷が平安京に移った後に、東国では平将門《まさかど》の乱が起きる。

もとをたどれば西国の覇者、天皇家の流れを汲む一族の末裔。つねづね朝廷の支配に不満を抱く者たちは、好機とばかり、将門のもとに集まり、やがて、彼を新しい天皇に立て、西国とは別に東国を〝独立〟させてしまおう、という勢いにまでふくらんだ。

脅威を感じた朝廷からは、朱雀《すざく》天皇の密勅によって、寛朝《かんちょう》僧正が東国へ下ることになる。ついては、平将門を調伏するため、京の高雄山神護寺から空海作の不動明王像を奉じていく。そして東国に到着するや、下総国公津ヶ原で不動護摩の儀式を行った。天慶二（九三九）年、これが成田山新勝寺の開山とされている。

西国政府に対抗する東国反政府軍によって、あわや日本が二つに分断されようという、国家最大の危機。しかしその国難を、仏の力によって心一つにとりまとめ、鎮護しようとしたのが、いかにも高潔な日本人らしい。

将門の乱はやがて鎮圧されるが、東国の随所に彼の遺徳をしのぶ者たちは残る。関西VS関東は、意外に深い歴史を持つのである。

それはさておき、新勝寺が、関西の名刹をしのぐばかりの全国的な知名度を持つ寺となったのはもう少し後のこと。江戸時代、この寺の山号を屋号とした歌舞伎役者が、一気にその名を高めてしまったからである。

長く子宝に恵まれなかった初代・市川團十郎は、父の出身地である成田山に子授け祈願をする。そして願いかなって、うれしくも二代目團十郎を授かるのだ。喜び感謝した團十郎は、子供がすくすく七歳に育った時に、山村座で『成田不動明王山』を上演する。これがなんと大当たり。舞台には高額な賽銭が投げこまれ、大向うからは「成田屋っ！」との掛け声が絶えなかったという。

どれほど子供を待ち望んだか、またその願いがかなってうれしかったか。この逸話からは、人間が持つ、種族繁栄というもっとも根源的な願いが伝わってくる。のみならず、芝居を見た庶民たちがそれに共感し、團十郎とともに喜び、ともに祝った姿が垣間見える。

こうして成田屋に宣伝されるかたちとなった成田山は、一躍江戸っ子に人気の参拝地となる。門前町はおおいに賑わい、地元経済も潤ったことだろう。成田山新勝寺の御利益が成田屋市川團十郎家の成功を導き、その成田屋の繁栄が成田山の霊験をますます高める、そんな、互いに共存、反映する関係が、今日まで三百年、引き継がれているのである。

人はつねに仏と生き、仏はつねに人に寄り添う。そこには、東国も西国もなく、平和に幸せに生きたいと願う人間の姿が、ダイレクトに伝わってくるばかりなのである。

第六章
東日本大震災　被災地の神と仏
――浄土ヶ浜の子安地蔵と早池峰神楽《はやちねかぐら》

この原稿を書いた時は、ちょうど阪神淡路大震災から二十年の追悼が行われている最中だった。そして本書をまとめる今、東日本大震災からもまる八年が過ぎたことになる。

この国土の上で、あれほども多数の命が一度に失われる現場を目にした事象は、おそらく戦後生まれの者には未体験のことだった。

だからこそ、いきなり命を絶たれ、突然別れを余儀なくされた人たちのことは、忘れはしないし、また、忘れてはならないであろう。鎮魂と追悼の例年行事は、生かされ残った者が前進するためにも不可欠と思える。

そのため、皆が思いを一つに集める場所がある。炎であったり木であったり、立派な像であったり簡素な塔であったり、形や規模は問わない。ただ、その前に立つことで悲しみを洗い、何らか自分を新しく更新できるなら、それは現代の〝聖地〟にちがいない。

この本は、長い歴史の中で人々が思いをささげた〝聖地〟に赴き、先人たちの心に触れようと試みるものだが、そのテーマに添えば、幾多の災害を乗り越え祈りを今日につないできた地も洩らしてはならないと思える。

今回の旅では、人の記憶に刻まれて残る、祈りの聖地をみいだしてみようと思う。

陸前高田・奇跡の一本松を訪れて

あの日、私も阪神淡路大震災を自宅で体験した一人だが、東日本大震災との決定的な違いは、神戸は地震による倒壊被害と二次災害の火災が主であったが、東日本は、津波が襲い、すべて水に押し流されたという点だ。

大地震の後、海から押し寄せた津波が何もかもを飲み込み、再度、引いていく波がすべてを持ち去った。そのことはつまり、かつてそこにあったものが、必ずしも元の場所にはないという現実を表す。

海上にあった船が丘に残り、三階建ての校舎の窓にトラックが突っ込んで、海岸に建っていた家の屋根が数キロ離れた畑にかぶさっている。そんな、ありうるはずのない風景がいたるところで繰り広げられているのを目の当たりにし、国民みんなが言葉を失ったことは決して忘れられないだろう。

災害という、悪意なき自然現象がもたらした無秩序。それが津波の真実だ。

そして、そこからの復興は、単純に同じものの〝復元〟では意味をなさないことがわかる。今度は必ず無事ですむように、前よりさらに安全に。津波はまた同じ規模で押し寄せるかもしれないが、そのとき少しでも被害を食い止められるよう、打ち勝てる復興でないと人の文明に勝利はない。つまり、前より成長し発展した建造でなければ、本当の復興にはならないのだ。

実際に私が現地を訪れたのは、震災から三年半がたった秋のことだった。

岩手県陸前高田市。山が海に迫りながら入り組んだ海岸線を描くリアス式の三陸海岸の、南寄り、広田湾の北奥に中心部がある。

この湾へは、山から気仙《けせん》川が注いでおり、川が運んだ土砂が作った砂州には高田松原と呼ばれる松原が東西に続いていた。景勝で名高い「高田松原」である。

地震が引き起こした大津波は、この海岸にまっすぐ押し寄せ、気仙川に沿って七キロ以上も遡上した。市の中心部は壊滅し、全世帯の約七割が被災、死者は千二百十一人、行方不明者が千百八十三人を数えたことは周知の事実だ。

もちろん名所の松原も壊滅、わずかに一本、残った松は〝奇跡の一本松〟と呼ばれ、その生命力が人々の感動を呼んだ。

陸前高田・奇跡の一本松

もっとも、実際にそこへ行ってみると、テレビの報道などで見知っていたはずの町の風景は、がらりと一変、目を見張らされる。

そこは、大規模開発される新興のマンモス・ニュータウンの造成地さながらの、荒涼とした空間なのだ。頭上を縦横に横切るベルトコンベアは総延長三キロ。周辺の山を切り崩して土砂を運んでくるし、ダンプカーが次から次と走ってきては行き交う。

高度経済成長の時代に育った私には、いつかどこかで見た風景だ。そうだ一九七〇年代の神戸で、「山、海へ行く」ともてはやされたポートアイランドの埋め立て事業に重なるデジャヴだったと気がついた。

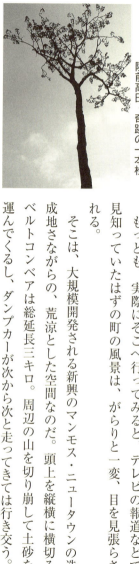

「あのコンベアがあるおかげで、土を運ぶダンプカーの数を激減させられるんです」

ドライブインのカフェのマスターが教えてくれた。市内の居住地を最大十二・五メートルかさ上げする工事だという。

もっとも、波の最大遡上高は二十一・五メートルというから、はたしてこの大工事も、市民の命を守れる安心な地盤づくりになるのかどうか。また、いくらかさ上げをして新しい土地となっても、大勢の命が奪われた跡地の上で、平気で暮らしを営めるものなのか。町作りにはまだまだ議論が必要なのだという。

それにしても、視界をさえぎる銀色のベルトコンベアのせいで、「奇跡の一本松」も、なかなかそれと見つけられない。

海水に侵された松は、人々の願いむなしく枯れてしまい、そこに立っているのはレプリカである。それでも、三々五々、工事中の迂回路を歩き、松に会いに行く人々は後を絶たない。誰もが、松を見上げ、遠い海を眺め、そして失われていった命に思いを馳せる。

松は、今でも、鎮魂の思いを集めるランドマークなのである。

思えば古来、日本人の想像力は、聖なるものが降臨するための〝依り代〟というものを用意してきた。高い山であったり木であったり、ともかく神や仏が座すための清浄な場所のことだ。

その意味では、レプリカであっても松は松、人の記憶がまとまっていくきよらかなシンボルであることに変わりはない。あの日を悼む人々にとってはまぎれもなく〝聖地〟なのである。

被災寺院が次の時代に申し送るもの

地図を見ると、気仙川沿いに、龍泉寺という曹洞宗の寺をみつけた。近くには諏訪神社もあり、海抜十メートル以上に相当するその一帯は、神仏を祭るに適した小高い地であったことがうかがえる。

なにしろ岩手県沿岸部は、貞観十一（八六九）年の貞観の大津波以降、幕末までに限ってみても八回もの津波が襲来している。何度も恐怖を味わい被害にあって、人々は経験から学んだことだろう。そうして前より安全と思える場所を求めて、高台へと移転が繰り返されてきたのに違いない。

それでも今回の津波は、過去の経験による備えを越えた。ここにも「想定外」と言うしかない事象が爪痕を刻む。

震災前の龍泉寺は、松の古木に囲まれた竜宮スタイルの山門が印象的で、九間ある本堂も威風ただよう造りであったらしい。正和四（一三一五）年の開山というから、最盛期には相当な規模の寺だったであろう。

なにより、境内にある樹齢四百年の「唐傘もみじ」は、その名のとおりまるで唐傘のように枝葉が広がる老木で、市の天然記念物にも指定されていた。

しかし、今はその木も本堂も、庫裏《くり》も東司《とうす》も、あったはずのものは跡形もない。屋根の壊れ方からすると、津波は軒の下へと襲いかかってきたらしい。私が目にしたのは、唯一残っている位牌堂だが、本堂と見まがうほどの立派さだ。陸前高田は雪が少ないこともあって、寺院は大きな屋根が造れたのだろう。

しかし、元の威容を思うにつけ、はたして、復興にはどれほどの歳月と費用がかかるのだろう、見当もつかない。聞けば、住職は陸前高田を離れて暮らしておられるとのこと。無住同然となった境内には人の姿もない。その後、避難先を探し尋ねて、お手紙だけ往復させてもらっているが、僧侶は祈るのが務め、寺に戻れなくとも供養の香華は絶やさずにおられるそうだ。唐傘もみじは、いつかそれを材にして仏像を刻む予定と聞かされたが、それはいつのことになるのであろうか。

神戸の復興から未来を見る

まだ先の見えない東日本の被災寺院にとって、阪神淡路大震災後の歳月は、一つの希望を示唆できないか。それはあきらめない着実さ。いつか復興するとのたゆまぬ精進の成果だ。瓦礫と化した神戸にみごとな再構築をなしとげよみがえらせた事実は、大きな励みになるのではないかという気がする。

たとえば、楠木正成《くすのきまさしげ》にゆかりがあることから「楠寺」の別名がある醫王山・廣嚴寺《こうごんじ》。この寺は、二十年が経過してさらに三か月たとうという二〇一五年五月に、やっと木堂を復興、落慶法要が営まれたのである。

周辺には神戸文化ホールや中央図書館、体育館など、神戸のシンボリックな文化施設が並ぶ大倉山の一角にありながら、ともかく急場しのぎの仮本堂で、寺としての営みだけを続けてきた二十年。短かったはずはない。

「楠公さん」といえば寺から南に下がった神戸駅近くの湊川神社が有名だが、歴史はこちらの寺が古く、開山は元徳元（一三二九）年、後醍醐天皇の命によって、元から入朝した明極楚俊《みんきそしゅん》禅師が創建した。

正成は湊川の合戦に臨むにあたり、明極禅師と問答を行って出陣した。権力に左右されず、負けと知ってもすがすがしく生きようとした〝悪党〟らしい逸話といえよう。彼の最期の地も、この廣嚴寺内の無為庵であった。

もっとも、現在は湊川神社境内が終焉の地とされていて、歴史ファンの議論の分かれるところだとか。

そんな由緒のある寺も、第二次世界大戦では、堂塔、伽藍、すべてが焼けて消失した。昭和二十（一九四五）年三月のアメリカ軍による無差別空爆、いわゆる「神戸大空襲」の犠牲となったのだ。

運よく石蔵が戦火をまぬがれ、後醍醐天皇御親翰《ごしんかん》や、明極禅師の墨跡、大楠公・小楠公と呼ばれる楠親子の書など、寺宝が多数、残ったことは幸いだった。この楠木正成の遺徳をしのんで、松尾芭蕉もこの寺を訪れ、

なでしこに　かかるなみだや　楠の露

と詠んだ。境内にはその句碑もある。

しかし、大震災は、どんな由緒の寺も貴重な文化財も、無差別に襲い、手加減はなかった。

今度は、大震災が、この寺を全壊させてしまったのだ。

住職の千葉悠晃さん自身、被災後は避難所での仮暮らしが続き、なんとかプレハブの仮本堂が建ったのは、周囲の家々や檀家の復興が進んで行ってからのことだった。

「もちろん、早く本堂をなんとかしたい、建て直したい、という気持ちは早くからありましたよ。先代によって手がけられていた空襲被害からの復興も、まだ途中でしたからね」

寺は、檀家の人々にとって先祖をしのぶよりどころであり、町や地域にとっても、歴史というランドマークともいえる。だがそれも衣食足りてこその話で、檀家の方々の暮らしの見通しがたたない状況下では、お寺どころか、といった反応を痛感させられる。

「結局、二十年かかってしまったことになります。でも、やっと、悲願がかないました」

市民生活が立ち直り、町が復興していく中で、まさに最終ランナーとして楠寺の新築が成る。仏事だけではなく多様なイベントが行えるホールもそなえ、文字通り、新たな人の交流を生む拠点となって生まれ変わった寺を眺めると、もう今度は焼けない、倒れない、そんな意志さえ見てとれる。そして逆に避難所にもなりうる施設として、地域の財産としての気構えさえも感じるのだ。

はたして二十年は、あっというまだったか、永遠のように長かったのか？

ともかく、それだけの歳月を費やし、じっと時機が到来するまで力を蓄えた神戸の被災寺院の復興事例が、東日本の被災寺院に、何らか、励ましと希望を与えてくれることを祈るのみだ。

浄土ヶ浜の子安地蔵

陸前高田から海岸沿いに、大船渡、釜石、宮古と、津波の被害の大きかった町を訪ねながら北上する。そして三陸復興国立公園の景勝地、浄土ヶ浜に到着した。

リアス式の入り組んだ浜に立てば目の前に、大小、尖った白い流紋岩がダイナミックな並びを見せる。海から直接切り立つ岩には松が繁り、木々の緑と海の青のコントラストが目にしみる。「さながら極楽浄土のごとし」と感嘆するほどの美しさから、この地の名前の由来があるということだ。

しかしこの美しい浜も、津波はわけへだてなくのみこんだのだ。

屏風のような岩々を見下ろす絶景が売りの、浄土ヶ浜パークホテルは、小高い岬の頂上にあったことから津波の被害を免れ、地震による被害を被ったにとどまった。

「ここがいちばん高いものですから、観光バスがいっせいにうちの駐車場へと避難してきて、多くの人がなんとか難を逃れたのです」

そして、水や暖房、自家発電があったことから、震災後半年間、避難所となって多くの被災者を受け入れることになったのである。

当時の写真を見れば、この美しい景勝地が、浄土どころか、地獄となった様子を指し示す。津波によって、浜は、流されてきた瓦礫の集散地のようにすさんだ様相になっており、言葉を失う。

今なお、従業員の方々が語り部となって、宿泊客に当時のことをきかせてくれるのだが、生かされた者どうし、すべてを失いながらもここで心を一つに生き抜いた避難生活の記録は、今もって涙ぐまずにはいられない。

この岩の頂に子安地蔵がまつられている

白砂の浜の前にそびえる岩、岩、岩。それは、海と風が刻んだ自然の造形で、人々はそれぞれ、黒く突き出た岩は「烏帽子岩」、小石の多い断崖には「賽の河原」と、イメージもあざやかな名をつけた。
さっぱ船という小型の船に乗せてもらって、間近までこぎ寄せてもらうことにする。
波と岩との荒々しい対峙がすぐ目の前だが、中でも、浄土ヶ浜の代表的な景色として知られる「剣の山」は、いちばん高さがあって、単独の島のようにも見える。その頂に、「子安地蔵」がまつられているのが見えた。

この海で漁を生業とする人々が、家内の安全と子供の成長、そして大漁を祈った素朴なお堂だ。厳しい自然と融和しながら、なんとか豊かに暮らせるようにと、切なる願いをこめたのだ。

潮風にさらされて立つお堂は、誰が建てたか祀ったか、いつの時代であるかも定かにはわかっていないという。わかっているのは、そこに今も変わらずお地蔵さんがあるということだけ。つまり、あの津波でも、流されることはなかったということだ。

ずっとここから見守ってあげるよ――。潮騒の中に地蔵菩薩の声を聞く。それは、過去いくたびも、災害をのりこえてきた名もなき先人たちが、心から望んだにちがいない声だ。

人が日常の垢で汚すことのできない、隔絶された海の上。たしかに神仏は降臨し、海から見守っていたに違いない。

ここもまた、聖地であろう。

穏やかに凪《な》いだその日は、優しい波が打ち寄せるばかりだった。

早池峰神楽にこめた願い

海岸部に背を向け、盛岡方面へ、山に向かって車を走らせる。すると前方に、きわだって秀麗な山が見えてきた。霊峰、早池峰山《はやちねさん》だ。

その山頂には早池峰神社がまつられている。歴史は古く、大同元（八〇六）年、来内村の猟師、藤蔵が、山中で十一面観音の尊像に遭遇し、畏敬のあまり、奥宮を建立したのが創建といわれる。本当はどんなありがたいものを目にしたのか、観音様を祀るお宮、とは神仏習合もはなはだしいが、ともかくありがたいものは、神も仏も、何でも一緒に受け入れた素朴さがほほえましい。

その後、修行で籠もった修験山伏が祈祷の舞を行い、それがふもとの村で、神楽になって発展した。それが「早池峰神楽」だ。南北朝のころだというから五百年以上の伝統をもつことになる。

幸運にも、岩手県花巻市大迫《おおはさま》町に伝わる大償《おおつぐない》神楽を見せていただけることになった。四十以上の演目がある中で、神楽の最後に必ず舞われるという「権現舞《ごんげんまい》」。あらゆる災いを退散、調伏させ、人々の安泰を祈祷する舞だという。

大胆な色柄の着物に、どこかコミカルさの否めないお面。しかも、ちょっと卑猥な動きもあって、観客を沸かす。きっとそうした反応が、神楽の質を進化させていったのだろう。

舞が終わって、面をはずして現れたのは、むくつけき男性ばかり。なまめかしい仕草で笑わせた女役が、ひげ面のオジサンだったとわかって、また客席は盛り上がる。

そもそも神楽とは、岩戸に隠れたアマテラスを呼び戻すため、アメノウズメが岩戸の前で激しく舞った神話を起源とする。舞を囲んだ観客たちの談笑こそが、神がおでましになるきっかけになった。神楽は、なにより神を喜ばせ、近しくそばへ来ていただくための、人の願いの集結なのだと納得がいく。

第一回の重要無形民俗文化財指定、二〇〇九年にはユネスコの無形文化遺産にも登録された民俗芸能ではあるが、本来の意味は、もっと素朴だった。雪に閉ざされる期間が長い里にあって、神楽に集まる時間は、里人にとっては、きっと数少ない楽しみであったにちがいない。

こうした神楽は東北一帯の村々に受け継がれているが、神楽に用いる衣装やお面など、貴重な郷土の文化財も、流されてしまった村があると聞く。

過酷な自然に融和し、災害を受け入れながら暮らしを重ねる。そこには人間だけの力ではとても足りない大きなハンデが負わされている。しかし、それを神や仏に埋めてもらうことで折り合いをつけ、また一つ、苦難の道をのりこえていく。三陸の海と早池峰の山は、そうやって連綿と受け継がれて来た人々の姿を、過不足なく伝えてくれた。

第七章

みちのくを拓き聖地を作ったつわ者たち

――瑞巌寺から鹽竈《しおがま》神社、そして平泉へ

兵庫県の自宅から、今、東北を思っている。また今年もやってくる3・11。日本中が東北へと、心を手向ける日だ。

従来、東北地方には〝みちのく〟の別名があり、松尾芭蕉がそこへ至る紀行を『おくのほそ道』と題したように、江戸や上方の人間からすればいかにも道の奥へと踏み込むようなイメージが一般的だった。ふだん往来が頻繁ではなかったという歴史は、実際、東北に〝未知の国〟の字をあてはめてもいいほど、なじみが薄かったことも事実であろう。

それを一気に縮めたのが二〇一一年のあの大震災だったことは皮肉だが、「神戸から来ました」というと、まるで親類の者がもどってきたように温かく対応してもらえることは、まさに、災害大国日本の宿命を分かち合う連帯感のなせるわざに違いない。

行く先々で、震災後すぐにボランティアに駆けつけた人々の足跡がある。あらたな絆が結ばれている。そんな事実にめぐりあうことに感謝しながら、この地に宿る神仏を訪ねていこう。

みちのく神仏紀行の入り口・仙台にて

兵庫県伊丹空港から、東北の入り口である仙台へは、各社合わせて一日に十便以上の飛行機が出ている。しかも飛行時間は七十五分、新幹線なら四時間半、車を用いてさえ、震災支援に出かけた知人は十時間で到着していた。つまり、時代は変わり、交通手段も経路も増えて、関西から見てもけっして〝奥〟でも〝ほそ道〟でもなくなっている現実がある。

海から着陸態勢に入る空港の立地は、それゆえに大津波の被害をまともにこうむることとなった。滑走路に停まっていた大小の航空機が、まるで砂場に置いたおもちゃのように押し流され、それを目の当たりにする人々の絶叫を、テレビで目撃しながら手も足も出せなかった無念はまだ記憶になまなましい。

もちろん、今はすっかり復興し、胸を痛めるような痕跡がすっかり払拭されているのはありがたい。外部地域につながるアクセスポイントはまさに生命線。なにはともあれ交通網の復旧を早く、と急いだことがしのばれるが、逆にあの映像を見た者には、よくぞここまで復興したと、日本の技術力に賛嘆せずにはいられなくなる。

空港からは名所松島に行く観光客も少なくない。震災当時、震度六弱の地震と最大三メートル八十センチの津波に襲われながら、奇跡的に被害が少なかったと言われる松島だが、それでも津波後は大量の瓦礫と真っ黒い泥に覆われ、天下の名勝の浜も見るかげもなかったという。

しかしすぐさま多くのボランティアが全国から駆けつけ、泥で手足をまっ黒にしながらの泥かきや清掃作業が始まった。

「あのとき神戸からまっ先に来てくれた人ね、阪神淡路大震災のとき避難所で、やっぱり遠くから来たボランティアにとても世話になったから、って言ってたね」

みやげ物屋のおじさんの声が温かい。人の善意は循環する。優しさとは、受けた分だけめぐりめぐって力を増すのだろう。

むろん、新潟県や長野県など、全国からかけつけたボランティアは七百五十人を超え、一ヶ月後には瑞巌《ずいがん》寺と円通院が拝観を再開。そこには、ボランティアにまじって、寺で修行中の雲水たちも、泥の撤去作業に奮闘する姿も見られた。同月下旬には、伊達《だて》政宗歴史館やマリンピア松島水族館が営業開始、ゴールデンウィーク初日の四月二十九日には観光船が運航を再開した。スピード復興、といえるだろう。松島は宮城県観光の中心ゆえに、復旧すれば多方面への影響も大きいことから、懸命に急がれたことがうかがえる。

そして震災四ヶ月後、夏休みの観光客を迎える七月末には、おみやげ物店やホテルなど、ほとんどの観光施設が復旧できた。

「松島には津波が来なかったんですかと訊かれるくらいですよ」

それほど穏やかで美しい景観。自然の摂理とは、なんと残酷で、また慈愛に満ちているのだろう。そして人間は、そんな自然と調和し生きていくために、たゆまぬ努力を注いでいくほかはないのである。

瑞巌寺へ伊達氏の気配をたどって

宮城県の方々の復興への情熱に敬意を表しながら、瑞巌寺へ足を運ぶ。ここは奥州六十二万石を治めた伊達家の菩提寺だ。

藩祖の伊達正宗は、「伊達男」という言葉を生み出したほど、粋でおしゃれな装いの代名詞になっているが、寺は、色彩も装飾もデコラティブなものはいっさい廃した、男性的な禅寺だった。

臨済宗妙心寺派に属し、「松島青龍山瑞巌円福禅寺」というのがその正式名称だ。

そうか、青い龍か。と、なぜか「龍」の一文字を印象深く心に刻んで、総門をくぐる。参道は森閑とした杉木立だ。かつてはその左右に九十を越す塔頭《たっちゅう》が建つ大寺院であったという。なるほど伊達家の保護なら、東北随一の禅寺というのもうなずける。

中門の「御成門」や、「御成玄関」という名称は、城主の来訪を待ちかね、迎え入れた名残であろうか、「殿様の、おなーりー」と告げる声が今にも聞こえてきそうな錯覚をおぼえる。見上げれば中門の木鼻には象の彫刻があり、欄干には「葡萄に木鼠《りす》」が彫り込まれるなど、洗練された細工が、唐様のシンプルさに彩りを添える。

そして、国宝の本堂、庫裏《くり》の豪壮なたたずまい。戦国を生き抜いてこの地に落ち着き、領地と領民の末永い平安を祈った一人の大名の、こころの旅路の終着点がここにある。

その御成門を入ったところには、左右、両側にこんもりとした梅の古木が一本ずつ、参拝者を迎えてくれる。文禄二（一五九三）年、豊臣秀吉の命で朝鮮に出兵した折、正宗が兜を植木鉢にして持ち帰ったと伝えられる「臥龍梅《がりゅうばい》」だ。それぞれ紅と白とが一本ずつ。花は八重で、春には豪華に咲くという。

それにしても可憐な梅にも「龍」の名とは。

いぶかしんだが、それは、木の姿が、龍が臥せった姿に似ているからということだ。

そういえば正宗も「独眼竜」と呼ばれた。人を殺め国を奪うことをモラル上疑いもしなかった戦国の世で、たけだけしい龍のように生きつつも、花の命の美しさに心を留めた、その繊細な感性を讃えたい。

花の見頃は四月中頃。東北の遅い春を味わいに、関西では桜の終わった頃また訪れたい。

伊達氏の願いと鹽竈神社

慶長五（一六〇〇）年、関ヶ原の戦いが終了した後、伊達政宗は仙台を領地として国作りを始めた。その第一歩が「青葉城」の別名を持つ仙台城の造営だったが、並行して神社仏閣の造営を行ったのは、江戸に入った徳川家康の例を見るまでもなく、どの大名もが新しい領地で行ったことだった。

何もない新興の地を開いて一から町を作るとき、彼らの頭には、人間だけがそこに住むのではないという発想があった。いかに便利に効率的に住まうかはもちろん大事なことだが、人間の力ではどうしようもないことが起きた時、守ってくれる神様や仏様も一緒に住んで暮らせる町作りを考えたのだ。

正宗の場合、鹽竈《しおがま》神社、仙台大崎八幡宮などの神社をはじめ、先に訪ねた瑞巌寺や陸奥《むつ》国分寺薬師堂、寺院も同時に完成させている。

城そのものは、家康から警戒されないよう、わざと天守閣を設けなかったといわれるほど気を使いながら、城と城下には、末永く安泰に長らえるよう、心を砕いた。その表れが、伊達家の守護神といえる鹽竈神社だ。

名前から「塩」に関係のある神様をまつるのであろうと察せられるが、実際、塩土《しおつち》老翁《おじ》神《のかみ》という神様がこの地で製塩の方法を教えたことに始まっている。人が生きていくのに欠かせない塩を作る神様、というのが、いかにも海に面した地域ならではの信仰らしい。

しかしこの塩土老翁神、いったいどこから来たのだろうか。

調べてみると、なんと、東国を平定し鎮守するため置かれた武甕槌神《たけみかづちのかみ》と経津主神《ふつぬしのかみ》を案内してここへやってきた、というのである。

さあ、この二柱の神様の名前には、聞き覚えがないだろうか。

そう、第五章で訪れた鹿島神宮、香取神宮の主祭神だ。まだ先住民の勢力が強かった東国を平定するため、大和朝廷が鎮守のために置いた、強力な武神だ。

かつて東国の最前線は鹿島、香取のある常陸《ひたち》だった。しかし時代が下るにつれ、大和朝廷の力は北へ、北へと上がっていき、東北に及んできたことを意味している。もはや最前線は、西の太宰府にも匹敵する多賀城。だからここに最強の武神を鎮座させ、さらに北のエリアを睨ませることになったのだ。

武神ゆえ、武家である伊達家が崇拝するのも当然といえよう。だが城と城下の造営に挑む正宗の気配りは細かい。

境内の配置は、まず主祭神である塩土老翁神を祀る社があり、それと並んで別の社、左宮に武甕槌神、右宮に経津主神を祀って左右神とする二つ目の社が建っている。ところが、航空写真で見ると、これら二つの社は、並びながらもそれぞれ微妙に違う方向を向いて「ハ」の字型に建っているのが見てとれる。

これは、塩の神には海を向いて鎮座していただき、航海の無事と豊漁を願う。また、二柱の武神には仙台城を睨んで建たせ、領内を鎮める、という配置なのである。

なんとわかりやすく、また一途な祈りであろうか。これから平和な国を作ろうという城主の、謙虚ながらもひたむきな向上心が見える気がする。

つわ者どもに会いに行く旅

東北への旅に出た松尾芭蕉は、名勝松島を訪れたものの、「いづれの日か筆をふるひ詞を尽くさむ」、いつか書きましょう、と記したのみで、句は残していない。それを残念がった後世の人が、あまりに松島が美しすぎて名句ができず「松島や　ああ松島や　松島や」と詠んだのだ、などともっともらしい作り話をしたのもわかる気がする。

そんな芭蕉も、平泉に入ると、ついに言葉の結晶を紡ぎ始める。

夏草や　兵《つわもの》どもが　夢のあと

盛者必衰、滅び去った者たちに捧げる〝もののあわれ〟。しかしただ悲しいのではなく、「国破れて山河あり　城春にして草木深し」と謳った杜甫の詩「春望」のように、命あれば草木だけでもよみがえる宇宙の摂理を想起させて、恬淡としている。日本人なら万人が共感できる句であろう。

さらにもう一句。

五月雨の　降り残してや　光堂《ひかりどう》

これもまた、山路を湿らす遅まきの雨が、名高い黄金色の光堂の屋根を濡らすさまを、臨場感あふれる表現で詠んだものだ。もっとも、光堂と経堂は鞘《さや》堂に囲まれ、雨には濡れなかったはずというツッコミはいかんともしがたい。しかし、芭蕉の句を通せば、覆い堂があるかないか、開帳されていたかどうか、そんなことはどうでもよくなる。そして、光り輝く瀟洒なお堂を、心の目をもって眺めることができるのだ。

それは、「三代の栄耀一睡のうちにして、大門の跡は一里こなたにあり」との前書きにあるように、ただ建物や仏像を見に来たというのではなく、ここにそれらを残して去った〝つわ者ども〟への、せまる思いがあればこそ見えてくる風景であろう。

その三代とは、奥州平泉藤原氏三代をさす。十一世紀後半に東北地方で続いた戦乱「前九年の役《えき》」「後三年の役」と言われる親族血縁が血で血を洗う内紛ののち、勝ち残って、この地を治めた藤原清衡《きよひら》が初代である。

その領土は、白川の関（福島県）から外ヶ浜（青森県）におよんだというから、東北地方のほとんどといっても過言ではない。しかし、地上の覇者となっても、彼の心は空虚であったろう。自らの手は血塗られていたし、兄弟・親族が相争う戦を通じ、あまりに多くの近親者の死を目の当たりにしてきた。願わくは罪を赦され、極楽往生できるようにとの祈りは、誰より強かったはずだ。

そこで、合戦で命を落とした者たちを敵味方の区別なく慰霊するため、寺を造り仏を刻み、写経の功徳によってみずからの救いも願おうとした。〝つわ者ども〟とは、死者、生存者を問わず、この地に生きたすべての者をさすわけだ。

こうして、平泉が奥州藤原氏の新しい拠点となり、一大仏国土が築かれていく。長治二（一一〇五）年、清衡五十歳の時だった。

その後、基衡《もとひら》、秀衡《ひでひら》、泰衡《やすひら》と、約百年にわたって清衡の遺志は受け継がれる。

光かがやく金色堂

中心となる中尊寺は、清衡六十九歳の時の造営であるという。

三間四面の単層宝形作り。幅約五・四メートル四方だから、小ぶりな阿弥陀堂といえる。ただし、四つの壁の内外は金箔で押され、内陣の須弥壇には本尊の阿弥陀三尊を筆頭に、合計三十二体の仏像が安置されているのだから圧倒される。

壇の下には、初代清衡、二代基衡、三代秀衡の遺体がミイラとして収められていることでも知られている。四代泰衡だけが首級であるのは、源頼朝に背いた反逆人として奥州藤原氏の滅びを担い、畳の上では死ねなかったことを物語っている。

中尊寺・金色堂

平家全盛の時代に源氏の直系である義経を匿うことができたのは、みちのくは京の政権の力が及びにくく、奥州藤原氏の力が大きかったことを裏付ける。義経はここで立派な青年武将として育ち、京に上って、平家を滅ぼす大手柄を立てる。もっとも、兄の頼朝に憎まれ追い詰められた時、落ち伸びる地はここしかなかった。彼は、ここ藤原氏の館で最期を遂げるのだ。

ここにも、決して無敵の勝者をヒーローとしない日本人好みの〝つわ者〟が息づく。

英雄でありながら運を味方にできず敗者に回った義経の哀れ。そこに肩入れする〝判官贔屓〟は、平泉を彼の終焉地と認めながらも、ひそかにここから逃れて蝦夷地へ逃げたと信じたいのである。

そんなことを思いながら、かつて義経も歩いたに違いない中尊寺を巡ってみる。

金色堂を中心に、本堂、峯薬師堂、千手堂、経蔵など、あまたの塔頭を擁した寺域は、まさに広大。それぞれの堂宇に祀られた金銅仏の多くが重要文化財で、洗練されたおもざしはなんとも優雅で、見飽きない。みちのくに、京の都に勝るとも劣らない仏教文化が花開いたことはまぎれもなく、ただ賛嘆を重ねるばかりだ。

なぜにこれらを藤原氏が個人で造営できたか。それは、黄金の力による。当時、東北地方は日本で唯一、金を産出する地だったのだ。これを北方や大陸との交易に用い、莫大な富が蓄えられた。このとき海外に流出した金は、後にマルコポーロに黄金の国ジパングを描かせることにもなったほどだ。

辺境に一大文化都市を築き上げる。これもまた〝つわ者〟の偉業と言えるにちがいない。

世界遺産の王道から

そもそも清衡が構想したのはとてつもなく広汎なエリアだった。平泉を中央に、入り口は白川の関から、北限の外ヶ浜まで。そこに全長五百キロの幹線道路を想定し、一町ごとに金色の阿弥陀仏を描いた笠卒塔婆を立てたのである。

これのどこが〝ほそ道〟であろうか。

子の基衡の代になると、都の摂関家ともつながりを深め、浄土を地上に再現するという意図で、優美な庭園と池をそなえた毛越寺《もうつうじ》を建立した。

核となる金堂円隆寺は、資材として金銀はもちろん、博多を経由してもたらされた東南アジア原産の紫檀が多用されていたそうだ。本尊の薬師如来の制作は、都の仏師、雲慶を招いて彫らせた。まさに都も顔負けの豪華絢爛な建物だったことだろう。

この寺の門前から東西に通じる大路が整備され、民家が集まり、市が立ち、北方との国際色豊かな文物の交易で賑わったことが想像できる。まさに東北の一大文化都市。

最盛は三代の秀衡の時だった。平等院鳳凰堂を模して無量光院を建てるのだが、なんと、その規模は宇治のものよりひとまわり大きいものだったらしい。

宇治の平等院鳳凰堂といえば、二〇一五年に修復が終わって、建造当時のあざやかな彩色でお目見えしている。まさにこの世の浄土、あこがれの天地が目の前に再現されて、圧倒される。島を浮かべた池にかかる橋、竜頭船のあそび。そんな雅《みやび》な摂関家の建物に勝るとも劣らぬものを造れたのだから、奥州藤原氏の力がどれほどのものか、計るのはたやすい。

藤原当主の居館は「柳の御所」「伽羅の御所」と呼ばれ、発掘調査でもその規模の大きさや様式が京の都に劣らぬものであったことが裏付けられている。

東北の地に華やかな王朝風文化を栄えさせた藤原氏。浄土へ、安らかなる人生へと、祈りをこめた結果がこれと思えば、つわ者どもの夢とは、決して荒々しい野望などではなく、他者を思い未来を思う慈しみに満ちたものであったとわかる。

今や世界遺産として世界中から参拝客の絶えない聖地。そこに至る道は、もはやマイナーなほそ道ではなく、日本が世界に誇る〝こころ〟と言う名の王道なのだとアピールしたい。

第八章
聖俗を分ける出羽三山で心をみがく
——月山から羽黒山、湯殿山へ

月の山、「月山《がっさん》」。ありそうで、なかなか他にはないその名前。どんな姿の山なのか、想像力をかきたてられるふしぎな山だ。私の場合、知るきっかけになったのは、森敦《あつし》の同名小説だった。

作中、なぜ月の山と呼ばれるか、主人公に語らせる場面がある。吹雪の中で行き倒れになりそうになった時、彼方に白く輝くまどかな山をみつけ、「この世ならぬ月の出を目のあたりにしたよう」だ、とその名の由来を納得させるのだ。

白く輝くまどかな山、月山。——自慢じゃないが、私もこれだけ〝聖地〟をめぐってくると、それほど神々しい山があるなら、日本人が捨て置くはずがなかっただろうと確信できる。秀麗な山、他を拒絶する孤高の山を目にすると、日本人は、そこに霊気を感じ、おのれを磨く場とした はずなのだ。

案の定で、そこには他にも三山と数えられる神秘な山々があり、古来、日本有数の霊峰として人々の信仰を集めてきた。

出羽三山。聞くからに重厚な響きを持つ神秘の山々。四月といえどまだ雪の消えない聖なる地へ、まずはこの小説をとびらにして、でかけていこう。

傷ついた者たちを受け入れる聖地

昔から、霧深い孤高の山には、権力や俗世の繁栄からこぼれた人々、あるいはみずから背を向けてきた人々が踏み入る道があった。

兄の遺児・大友皇子《おおとものおうじ》との皇統争いを避けて吉野山に退いた大海人《おおあま》皇子。藤原氏の陰謀で権力の座からはじき出され那智山に籠もった花山天皇。人の世の無情に嫌気がさして出家し各地の山を旅した西行。例を挙げればきりがない。

そしてそれら中央での醜い争い事からはぐれたというのに、失意のうちにあがきながらも、恬淡と生きる道をみいだした彼らに、人々は大いに賛同した。そしてかつての猛者の清貧なありようを、肯定しては共感する、というのが日本人の感性だった。彼らの悲運をともに嘆き、さまざまなやりかたで支援し慰めてきた彼らの優しい心根は、今に通じる公共福祉の精神といえる。

ここ出羽地方の山々も、最初に山への道を開いたのは、そうした中央の権力制度からドロップアウトしてきた人物だった。

崇峻天皇の第一皇子、蜂子《はちこ》皇子。三十二代天皇の御代であるから、聖徳太子が登場する飛鳥時代の少し前。西暦で言えば五九二年のことになる。

大王家をしのぐ勢いになった蘇我氏が崇峻天皇を弑逆した時、蜂子皇子は、蘇我氏による難を逃れて出羽国に落ち延びてくる。

当時、出羽といえば蝦夷の国。異民族の領土だった。大和朝廷が田川郡を置き、初めて出羽を日本に組み込んだのは天武天皇十一（六八二）年で、まだ百年ほども先になる。大和を追われた皇子からみれば、非情なまでにはるか未踏の地への逃避行だっただろう。逆に言えば、こんな蝦夷の領地深くまで逃げなければ、蘇我氏の追討をふり切ることはできなかったということだ。

このとき皇子は、三本足の烏の導きによって羽黒山に登った、というのが出羽三山神社の社伝である。

どこかで聞いた話だな、と思うのも道理、初代天皇の神武帝が天から降臨して大和に入る折、険しい熊野の山道で道先案内として現れたのが三本足の烏。今ではサッカーJリーグのマスコットにもなっている。もっとも、古代朝鮮で高句麗を建国した朱蒙《しゅもう》王の伝説にもこの三本足の烏が登場するから、オリジナルがどれなのかは想像にたよるしかない。

だが他と違ってリアリティがあるのは、皇子が、自分を導いた三本足の烏の羽の黒い色にちなんで山を「羽黒《はぐろ》山」と名付けたことだ。

人が不退転の決意で前人未踏の地へと進む時、きっとその烏はまた現れるのかもしれない。そっと目を閉じ、森の静けさに耳を澄ませば、頭上を飛翔していく黒い烏のはばたきが聞こえたような。

そんな錯覚をするほど、深い深い羽黒山のその霊気。

蜂子皇子は、山に入った後は苦行に次ぐ苦行を重ね、ついに「羽黒権現」が姿を現すに至る。悟りの瞬間であろう。大和にも権力にも執着はなくなり、大自然と一体化した、無一物の人間である自分をみいだしたということか。

羽黒山に続いて、皇子は近隣の月山や湯殿《ゆどの》山も開いていく。そして三山の神を祀って、山々への回峰行を行うようになる。

あらゆる煩悩や欲望を漱ぎ落としたからなのか、蜂子皇子には不可思議な呪力がそなわっていたという。その力で、蝦夷の人々の教化を行い、病を治し、災いを除いていった。人々は皇子を「能除仙《のうじょせん》」と称したが、それは、苦悩を除く、という意味からだった。

そこには古代呪師の姿がかいま見える。日本の中央舞台で仏教が定着するのはこの後、崇仏派の蘇我氏が廃仏派の物部氏を滅ぼしてからのこと。仏教で国を治めていこうとめざす聖徳太子の活躍を待たねばならない。それに仏教を推進する蘇我氏に追われた皇子ならなおのこと、仏教への反発はあっただろう。

事実、「羽黒神」というように、彼が祀ったのが神であったことにも、土着の神を重んじた時代の裏付けが見られる。

この後、蜂子皇子の呪術は弟子の弘俊に伝えられ、羽黒派の修験道として発達していく。

しかしそこには当然、多くの人々の影響がおよんだ。越前の白山を開いたことで知られる泰《たい》澄《ちょう》などは、「元亨釈書泰澄伝」では蜂子皇子を消し去り羽黒の開基として伝えられているくらい。

それというのも天平時代になれば、東大寺の大仏が象徴するように、日本は仏教による鎮護国家となっていくからだ。諸国の山々を巡った後に羽黒山を開いた泰澄は、羽黒山を熊野、吉野、大山《だいせん》に対立するほどの霊地へと高めていった。当然、蜂子皇子の時代の、日本古来の修験道とは異なり、仏教の影響も色濃くなる。

そして時代とともに神仏習合が進んでいくと、神社は寺院と一体になった。この書の読者のためにはもう改めて言うまでもないことだが、神社の境内には神宮寺という「寺」が、また寺院の境内には「鎮守」として地神様や守護神の「社」が、それぞれ建てられ、神職に限らず僧職も神前で読経するのは普通の光景であった。ここ羽黒山でも、本地仏として聖観世音菩薩を祀り、一山を寂光寺と称して天台宗の寺院になったのである。

もっとも、明治の神仏分離令で、羽黒山では伽藍や仏教の文物が徹底的に破却された。その結果、羽黒山に祀られているのは、あくまでも神ということになった。三山の神を合祭した三神合祭殿である。社殿は、厚さ二メートルを越す萱葺の屋根を持ち、内部は総漆塗り。どこを見ても迫力があり、見ごたえ十分の大社殿だ。

その一方で寂光寺は廃寺となり、山内に十八坊あった塔頭も十五坊が廃棄となって取り壊された。残った三坊の、正善院、荒沢寺、金剛樹院が、なんとか寺院として羽黒山から独立し、現存している。

三山詣で賑わった往時をしのぶには、失われたものは多すぎるが、鬱蒼とした杉木立が並ぶ二千四百四十六段の石段が続く参道を行けば、国宝の五重塔が悠然と姿を見せて、息を飲む。

まさにこれこそ時代をくぐりぬけた生き証人。長い長い時間の中で、山は変わることなくそこにあっても、踏み入る人間のこころのかたち、表すかたちで、大きく変容をとげてきたことがうかがえるのだ。

山岳の宗教・修験道

修験道は、明治五年に禁止令が出されて、十七万人ともいわれる山伏が役目を奪われ、事実上、断絶させられた歴史がある。十七万人とはすごい数だが、神社仏閣に所属する神職や僧職だけの数ではなく、ふだんは優婆塞《うばそく》という、在家のままで普通に庶民生活を営み、修行の時だけ山伏となる〝里山伏〟が圧倒的に多かったからであろう。

ふだんは商人なのにある日突然、頭に兜布《ときん》を戴き、柿色衣に鈴懸《すずかけ》をかけ、犬追いの錫杖《しゃくじょう》を持った山伏姿で名山めざして出かけて行くため、残された家人らは〝山伏道楽〟などとあきらめて留守を守った、などという話も聞いた。里山伏は、道中、烏の象形だけで書かれた熊野三山の護符を売ったり、たのまれれば簡単な加持をやったりもして、たとえば狐憑きなどの憑きものを追い払うといった摩訶不思議なこともやってのけたらしい。科学の解明がない時代、庶民たちはつらい現実を超えるために、山で霊力を得た里山伏の〝法力〟を必要としたのかもしれない。

それにしても、これほど多くの人々に長く信奉され続けた修験道とは、いったいどんなものなのか。

前作『にっぽん聖地巡拝の旅』では、那智山青岸渡寺副住職の高木亮英さんに、実際に那智一の滝の上流の神域での四修行に同行させていただくという貴重な機会をいただいた。

「懺悔《さんげ》、懺悔、六根清浄」

と唱えれば、たちまち森閑とした木立や枝々にこだまする〝掛け念仏〟。白らを清浄にした山伏が聖なるものに近づいて行くその道程を目の当たりにすると、私には実感として、修験道とは「山の宗教」と言い換えられる気がした。

聞けば山伏たちは、山という聖域に「曼荼羅世界」を見るという。修験道の中心的霊地である吉野・大峯で行われる「奥駈修行」では、熊野から吉野へ向かうほぼ中間あたりに「両部分け」というポイントがあり、そこより北の吉野側を「金剛界」、南の熊野側を「胎蔵界」と呼ぶそうだ。そして、両方の世界の仏にまみえることで、自らを高め、磨く修行となるのだ。

つまり、山に入るとは経典を歩くことであると同時に、山を胎内に見立てることによって、母なる山に抱かれて成長する時間に重ねられる。そして下山する時には文字通り生まれ変わった新たな自己になって帰る。ずばり、自然の中で一度死んで生まれ変わる「擬死再生」の過程を辿る峰入り修行もあるそうだ。ただ肉体を酷使するばかりではなく、常に精神を研ぎ澄まし、神仏を感じることであらゆる心の垢が洗い流されれば、山に入る前とは違う自分になって降りられるということか。まさに新しい自分へのよみがえりであろう。

こうして修験道は、国土の七割が山、という日本で独自に発展し浸透していったわけだが、先述のとおり、明治の初めに、法律という名の強権によって壊滅状態となる。

当時、近代化を推し進める日本は、国家神道で国民をひとまとまりに支配しようとしていたため、旧来の宗教は邪魔だったのだ。とりわけ、十七万もの山伏とその影響力を受ける庶民の数は、さぞ脅威であったことだろう。

そのため、里山伏は強制的に還俗させられ、また、先に断行されていた廃仏毀釈によって、山伏たちの拠り所である山の中の仏教施設はことごとく破壊されてしまったのである。

日本でこんな蛮行が行われたことは、今や若い世代は知らないし、教える世代も老いてしまった。千年を超す歴史の中では、たかだか百五十年前のことなのではあるが。

出羽三山の三つの山

だが、羽黒山での山伏たちの修行は連綿と受け継がれ、毎年八月末には、神道である出羽三山神社、そして修験道の羽黒山修験本宗の、それぞれの山伏により「秋の峰」と呼ばれる荒行が行われる。なんと、一週間以上も山に籠るもの。時代の変革という荒波にもめげず、よくぞ継続されていると感嘆するほかはない。

羽黒山神社三神合祭殿

一山でも圧巻だが、蜂子皇子が始めた三山回峰となると、さらに山岳信仰の極み。山や樹木を聖なるものとみなし、山で鍛え山で磨く修験道の神髄であったことだろう。

行場としての出羽三山は、山嶺渓谷のとぎすまされた霊気に満ちている。修行の足がかりにと、末社、王子が祀られていき、開山以来千三白余年の歴史を重ね、その数、全山で百十余末社にも上ることとなった。これを回るだけでもただごとでないのが察せられる。

ところでこの「出羽三山」とは、近代以降に言われ出した名称らしい。かつて「三山」には、どの山をもって三山とするか、さまざま変遷があったようだ。たとえば鳥海山や月山の東方にある葉山が三山に含まれていた時代もあり、呼び方も、「羽州三山」や「奥三山」、天台宗系では「羽黒三山」、真言宗系では「湯殿三山」と呼ぶなどさまざまだったとか。

どれを含めて三山とするかという行場の問題だけでなく、修験道のやり方も、出羽三山の修験道は多様であった。

たとえば一口に修験道とは言うものの、ここには、真言宗による当山派、天台宗による本山派の修験も存在し、これに加えて蜂子皇子以来の祖霊信仰が結びついた「羽黒派修験」も残り、伝承されていた。つまり山域は、三つの修験の修行道場として共存していたわけである。

けれども長い時間経過のうちには共存は容易ではなく、江戸時代初期以来、羽黒山と湯殿山は大きく反目、たがいに根強く対立してきた歴史がある。

そうなると、そもそも出羽三山を開いたのが誰かという歴史観からして違ってしまう。

蜂子皇子の伝説があるといえど、修験道といえば役行者。日本のあらゆる山は、この伝説の修行者が開いたことになっているから、けっして否定できない。また、真言宗湯殿山派は空海が開いたという説を唱えるが、宗祖であればこれまたしかり、なのである。

この湯殿山派説では、空海伝説によくあるパターンながら、諸国を巡錫する旅の途上で仏の奇跡に導かれ、この山に至った、と伝えられる。空海が梵字川という山の上流を流れる支流にさしかかった時、一枚の光り輝く葉が流れてきた。拾い上げると、その葉には、人日如来を表す五文字の真言が書かれていた。そこで上流に聖地があると信じて川をさかのぼり、湯殿山にたどり着いたというのである。

羽黒派、湯殿派、いずれをとるかは、けっして開祖の違いというような小さなことでは終わらない。これにより体系づけられ組織されていく信仰が、互いに揺るがぬ基底となれば、とことんあいいれなくなってしまう。すなわち、羽黒修験では開祖はあくまでも蜂子皇子であり、近世以降は天台密教によって体系化していくが、湯殿山派は、湯殿山の開山は弘法大師であるとして突き進むのだ。

湯殿山の即身仏

湯殿山では、弘法大師はこのままこの地で入定《にゅうじょう》したということになっている。したがって、湯殿山の行者はその行跡を慕い、同じように山に入る。空海同様、即身仏となって、苦しみあえぐ衆生を救うためである。

即身仏——。何やら土俗的な匂いがまとわりつく響きだが、それはつまり、僧の姿のミイラのことである。

全国に現存する即身仏十七体のうち、なんと十体が湯殿山系といわれている。木や金銅で像をかたちづくるのではなく、生きた人間がそのまま仏となって、後の世を生きぬく民のささえとなる。作られた偶像ではなく、生身の人間のその身体で。

それだけ、強く求める願いがあったわけで、この雪深い地が、人が生きていくのにいかに厳しく、救いが必要だったかを裏付ける。その一方で、空海の開山と入定がこの地である、との根拠こそが、つねにお大師様がそばにいる、との親近感から〝同行二人〟を信じさせ、後から来る行者たちを孤独にはせず、ひるませることもなかったのであろう。

注連寺には鉄門海《てつもんかい》上人の即身仏が厨子に納められており、公開されている。

鉄門海上人は江戸時代の人で、二十五歳で注連寺第六十九世寛能和尚の弟子となり、空海の「海」の字を戴く僧となった。民衆の悩み苦しみを救うために身を尽くし、人々に慕われ尊敬されるその存在は、民衆からすれば永遠に生きて拝ませてほしい徳を積んだ僧だった。その声が高まるに従い、彼は即身仏となる決意を固めた。入定は空海と同じく六十二歳であったという。

拝観させてもらったが、金襴の袈裟と頭巾で装われた即身仏は、大きく空洞になった眼窩《か》や鼻の穴がなければ樹木を彫った仏像のようにも見える。罰当たりなことに現代人の私の感覚では、ぞくっと背中が凍えるような気味悪さだけが胸に迫った。しかし、その即身仏のありし日を知る人々にとっては、自分たちのために身を投げ出し、つらい苦行に耐えたばかりか、変わり果てた姿になっても皆を救おうとするその志が、どんなに精巧に彫られた仏像よりもありがたく、神々しく思えたに違いない。

　こうした高僧が即身仏になる場合を除くと、他は疫病が流行した時や、飢饉や災害といった、さし迫った時のものになる。民衆の苦しみの救済を祈願し、みずからが彼らの苦しみになりかわるため、即身仏になった行者たちである。

即身仏になる方法

　衆生救済を祈願して、人が即身仏になることを志願したとして、人はどうすれば即身仏になれるのだろうか。

　まず最初に行くのは湯殿山の仙人沢。俗世に背を向け、日常を絶って、山の中に籠もるのである。山籠りにあたっては、丸太を組み笹で葺いた「行屋」という蒲鉾小屋を建て、そこで暮らす。着る物は年中、一重の行衣のみ。火を使ってはならず、言うまでもないが酒も禁物。真冬でも雪の中で水垢離の行をするなど厳しい山法に従わねばならない。むろん、どんな理由があろうと山を下りることは許されなかった。

　ここまで聞いただけで、無理無理無理、と首をふるのがオチの私だが、山籠りは三年、六年、九年と千日単位で行うのが普通で、長いものになると二千日、三千日と、行を続けるのだという。

湯殿山の冬は、積雪が五メートル以上にもなり、半年以上も雪に閉ざされてしまう。こんな場所での荒行は、まさに命がけだった。

次いで木食行《もくじきぎょう》に入るが、これは徹底した食事制限を行い、即身仏になりやすい骨と皮だけの身体になることをめざすもの。肉体から脂肪と水分を取り去り、不浄なものはすべて排出した上で、体を枯れさせるのだ。

これには五穀断ちと十穀断ちがあり、つまりは木の実や草の根だけを食べて命をつなぐことになる。言い換えるなら木食行とは、ゆるやかな餓死と同じ。断食以上に過酷な忍耐であることに違いなく、苦しくつらく、想像を絶するものだったことがしのばれる。

しかしそれゆえにこそ、飢饉で餓え苦しむ民衆にとっては心のささえとなった。行者が自分たち以上につらい飢えに立ち向かいつつ、それでも自分のことより衆生の救済を身を挺して祈る、と知れば、ありがたさは格別だった。行者の苦労に比べたら自分たちも耐えられる。そう励まして互いをささえることができたはず。それは、どんなに価値あるお経や儀式もおよばぬものだった。

しかし、民衆のためにと、仙人沢で山籠りをして木食行をした行人は数知れぬほどありながら、即身仏になれたのはほんの一握りにすぎないという。仙人沢には今も、即身仏になることができなかった行者たちの小さな墓が並んでいる。

そしてここまでの荒行を生き抜いた者が、最後に行うのが土中入定。深さ三メートルほどの竪穴を掘り、中に石を積んで石室を築き、木棺を入れて、入定塚を作る。つまり、これが最期のすみかなのである。

行者が湯殿山の方を向いて塚に入ると、世話人が棺と石室の蓋を閉じ、土をかぶせる。生きながらにして死に向かうわけである。

彼らは暗い土の下の石棺の中に閉じ込められたまま、鉦を鳴らし続ける。その音が聞こえなくなったら死んだと判断されるのだ。

なんという凄惨な行であろうか。

だがせっかくここまでしても、発掘に失敗したり、水分過多で即身仏となることができず腐り果てた例も少なくなかったという。

湯殿山の即身仏は、厳しい自然を生き抜く人々の、生への願いを賭した祈りそのものでありながら、死と抱き合わせになった過酷な現実でもあったのだ。

名山の中の名山、月山へ

そして最後に月山へ。湯殿山本宮前。そこが湯殿山口で、月山への登山口になっている。

装束場、またの名を施薬小屋と、往年の修行の様子がしのばれるような名前を持つポイントまでは、急な岩坂が続き、時に鉄梯子の架かった崖もある。まさに修験場と呼ぶにふさわしいルート。これが月山登山の道である。

　夏スキーのメッカです、などと案内されると、その神秘性が薄れて拍子抜けするが、本来、月山は、日本百名山、新日本百名山、花の百名山及び新花の百名山などなどさまざまな基準の〝名山〟に、必ずといってよいほど選定されている美しい山だ。また、その山麓から湧き出る水も名水百選に選ばれているし、月山行人清水の森は、水源の森百選にも選定されている。

　この清らかな山が、日常に疲れ世俗に傷ついた現代人を惹きつけたのは当然というもの。もっとも、そこには現代の明るい月山のイメージではなく、たとえば森敦の『月山』で描かれたように、死者の行く山というような、非現実的な空気があった。

　それは千年以上も昔、蜂子皇子がたどった道と同じ、さまよう心の道であった。

　世に迎合できず、世もまた彼を受け入れない。そんな人間が放浪の果てに世間からは隔絶された深山の寺にたどりつくのは、ごく自然な流れに思える。

　森敦は、即身仏で有名な注連寺に一年あまりも滞在してこの作品を書き上げた。

　思えば、修験道は日本の山という山を開いて寺を興した。寺の名前に「何々寺」というのに並んでもう一つ、「何々山」、とあるのはその名残ともとれる。山も寺も、いたるところに存在し、生きることに迷い答えを出せずにいる人々の、心の救済のために門を開いていたと言っても過言でないだろう。

そこはともかく風雨がしのげ、食べるものにも事欠かず、最低限に生きていけるシェルターになった。日常に疲れ俗世で傷ついた精神には、時間を止めてはぐくむ何よりの装置であったことは明白だ。

死もまたありうる幽冥の域にたどりつきながら、自分と向き合い、何らか未来を見いだしていく。それは苦行に明け暮れなければ安らぎをみいだせなかった蜂子皇子の時代からみれば、まさに天上で羽を広げる烏の翼の内のごとくやわらかな場所であっただろう。

山、山、山と国土の七割ちかくが山ばかりのこの国が、千年、二千年、長い時間をかけて築き上げた深山幽谷の中の精神世界。出羽三山には、優しく悲しくそして懐かしくもある、人間の心の営みが今なお脈打っている。

第九章

日本海側の聖なる地

――永平寺から越前を抜けて越中、越後へ

二〇一五年に北陸新幹線が開業し、金沢から東京へ約二時間半で行けることになった。地元にとっては、長く待った悲願のニュース。

しかし、この喜ばしいできごとの裏で、つい比べてしまうのは関西圏へのアクセスだ。現在、金沢から大阪へは特急サンダーバードがあり、同じく二時間半の旅程になる。

いや、この比較、何でもかんでも東京に張り合おうというのではない。

ただこだわるのは、北陸は古来、〝みやこ〟たる関西にダイレクトにつながっていたエリアだった、ということだ。そもそも、フォッサマグナで分断される地質学的構造でいえば、糸魚川《いとい》より西に位置する富山や金沢は、れっきとした「西日本」なのである。

さらに言えば、ここより北に位置する新潟や秋田、山形も、鉄道なき時代には、北前船のよう

な海路交通をもって、関西と直結していた事実がある。以前、秋田の旧家でおひなさまを見せてもらったことがあるが、親王雛《しんのうびな》のおもざしから道具のしつらえ一つにいたるまで、関東風とは異なる京雛であったことを思い出す。関西の文物が深く浸透していた証であろう。

ということは、今回の開通は、歴史的ルートに挑む事件であったわけだ。これではますます東京一極集中が進むのもいたしかたない。

だがぼやいていても始まらない。「あずま下り編」と題するこの旅では、フォッサマグナ以西にあって「東」ではないが、日本海側の領域に、大いなる時間がはぐくんできた心の矢印をつないで、たどってみたいと思う。

みやこの文化が咲く越前から

個人的な事情になるが、越前市へは毎年一度は出かけている。何しに行くかというと、秋に武生《たけふ》という町で開催される「たけふ菊人形」で、私の大好きなＯＳＫ日本歌劇団のレビュー公演があるからだ。

レビューってなんだ、と問われる方には、女性が男役をこなし、女性だけで演じる歌と踊りの舞台、といえば察しがつくだろうか。代表として宝塚歌劇を思ってもらいたい。関西には百年を越す歴史を誇る宝塚のみならず、九十年超の歴史を持つＯＳＫもあり、独特の華やかな舞台文化が根づいているのだ。

そのＯＳＫが、なんと一カ月ものロングラン公演を武生で行うのは恒例のこと。雪に閉ざされてしまう冬を前に、実りの秋とともに夢の舞台を楽しんでもらう、というものだ。このように、今も越前は関西文化圏のうち。

その裏付けになるのかどうか、初めて武生の町を歩いたときは驚いた。なんとも立派な構えの堂々たる寺院が次々と現れるからだ。

いずれの寺も京都にあれば大観光地となっているはずの風格と規模、洗練されたたたずまい。なのに観光地にはない静けさと清浄な気に満ちている。山門も庭園も荘厳で、時が磨き上げたみやこの文化が匂いたつようだ。

それもそのはず、律令時代、武生は越前の国府があった地で、聖武天皇の詔勅により国分寺が建てられ、長く越前の中心だった。

そういえば紫式部の父・藤原為時はここ越前国守であり、彼女も少女時代、一緒にこの地で暮らした可能性が高い。みやこから赴任してくる官人たちは、洗練された多くの文物を伝えただろう。

室町時代になると、足利将軍下の三管領の一つである斯波《しば》氏が代々、越前守護職を務めた。そして、南北朝期には新善光寺城が築かれ、安土桃山時代には織田信長が指揮をとって龍門寺城が築城されたりした。つまり、国の中心・みやことのつながりから影響をもろに受け、仏教文化都市としての門前町と、室町以降の城下町としてのたたずまいが融合し、今に残っているわけである。毎年催される武生国際音楽祭では、期間中、二十もの寺が一斉に梵鐘を鳴らすという。
しかし越前とみやこの結びつきには、さらに深いえにしがあった。

気比神宮に秘められた天皇家との縁

『日本書紀』によれば、五〇六年に武烈天皇が皇太子を定めることなく崩御したため、朝廷はその後継の座をめぐって混乱した、とある。そして重臣たちが協議のすえ越前から迎えたのが二十六代の継体天皇だった。応神天皇五世の子孫にあたり、男大迹王《おおどのきみ》というのが即位前の名前であると記されている。

大和では天皇家があわや断絶という危機に直面しており、この王は五十八歳という老齢で天皇に迎えられた。そして、先帝である武烈天皇の姉の手白香皇女《たしらかのひめみこ》を皇后とすることによって、正統性を持つのである。即位したのは河内国樟葉宮《くずはのみや》で、大和に入ることができたのは即位から十九年後の五二六年だったことからみても、すんなり認められたわけではなかったようだ。それでも二人の間に皇子が誕生し、皇統を嗣いでいくのだから、越前はいっそう天皇家との縁が深い地になった。

敦賀《つるが》にある越前一宮、気比《けひ》神宮の存在からも、そのことはうかがえる。

これまで見てきたように、「神宮」というのは天皇家とのゆかりが深く、新しく領土となった辺境の地を鎮め守るという意味合いが強いのである。敦賀は大陸と京畿とを結ぶ要地であり、同時に、北陸道諸国から畿内への入り口でもあったことから、鎮護神として崇敬されたに違いない。それもそのはず、『日本書紀』には、神功皇后が武内宿禰《たけのうちのすくね》に命じて誉田別命《ほんだわけのみこと》とともに気比大神を拝祭させた、という話が見える。

神功皇后といえば朝鮮出兵の伝説の人だが、帰路に誉田別命、すなわち応神天皇を生んでいる。『古事記』では、その応神天皇が御祓のために気比神宮に参拝したと記されているから、やはりこの地が応神系の勢力下であったことが推察できよう。

そんな古い由緒を持つ気比神宮だが、今は地元の人から「けひ」が訛って「けいさん、けいさん」と親しく呼ばれる存在になっている。

ちなみに社殿のほとんどは第二次世界大戦中の空襲で焼失してしまった。天然の良港である敦賀は、戦時中は軍港として大陸への玄関とされたから、集中的な空襲の対象となるのは避けられなかったのだ。したがって、今ある主要社殿は戦後の再建になる。

空襲を免れた大鳥居は「日本三大鳥居」にも数えられるほどの壮麗さ。朱塗が映えて、国の重要文化財指定というのもうなずかされる。ありし日の宮の壮麗さやいかに、と想像しながら見上げるのも趣深い。

境内には角鹿《つぬが》神社があるが、これが「敦賀」の地名発祥地であるという。古代、海上交通や漁業の統率者に、海人族の角鹿という氏族がいた。敦賀市にある直径約六十メートルの円墳である「向出山一号墳」は、その首長を葬った墓とみられており、副葬品からは、朝鮮半島との深いつながりがうかがえるのだ。

とすると、単に北陸を日本内地のみやこの側から眺めることは誤りのようだ。古代の歴史は、日本海を挟んだ大陸、そして半島とのかかわりで地図を見ないと、何も真実は見えてこない。先進地だった大陸からは、北陸は対岸、もっとも近い足がかりの地。ゆえに北陸は、国際的に重要な地だったのである。

雪の永平寺を訪ねて思う

時代が下がり、半島で百済が滅び新羅の勢力が強大になると、海を隔てた越前からのルートは下火になる。新羅は何かにつけ反目してきたので、大陸へ行くにもトラブルを避け、半島を通らない瀬戸内ルートが選ばれるようになってきたからである。

しかし、土地の引力というのは減少しない。日本海の荒波に向かうこの地に、聖なる力をみいだし、本山と呼ばれる宗派の拠点を開く僧が現れる。仏教が刷新と改革を求めてうねった鎌倉時代のことだった。

北陸で名刹といえば、すぐに思い浮かぶ永平寺。開いたのは曹洞宗の宗祖、道元である。私もたびたび訪れているが、もっとも印象深いのは学生時代、真冬に訪ねた記憶である。年中うらうらとした気候の神戸で暮らす私たちは、冬の北陸を甘く見ていて、まず駅前の商店街で長靴を買ってからの出発を余儀なくされる。町で履いてるスニーカーなど、駅から道路に出たとたん、積雪を融かすスプリンクラーの水によってたちどころにぐしょ濡れになったからだ。参道も、観光客で賑わう夏とはうって変わり、目をみはるばかりに雪深い。杉の木立も真っ白に覆われ、家の軒には氷柱が冷たく光っていたことを思い出す。

永平寺仏殿

めざす永平寺は、人が建てた壮大な寺ながら、容赦のない自然の中に溶け込み、身も心も吹きさらされるような感覚がした。開け放たれた本堂の広さ、どこまでも続く大廊下。そのどこに立っても外気に通じる寒さ冷たさである。雪がやんでいてさえ軒からは常に水がしたたり、たえずどこかを流れる音がする。世界全体が生きて、止まってなどいないことを実感させる装置としてはこれ以上のものはないだろう。もちろん、床板からしんしんと底冷えがして、そこを裸足で歩いて行く修行僧の、険しい顔にも同情できた。

ざくざく、買ったばかりの長靴で雪道を踏みしだきながらの帰り道。踏んだ後から、雪は足跡を覆い隠していく。ぼんやり、「汚名を雪《そそ》ぐ」の文字がなぜ雪なのかを実感したのもこの時だ。水で洗い流すのでなく、雪はそのまま、ありのままを、純白の下に覆い隠していくのである。

そんなことを思っていたから、二つ目の失敗に気づくまでには時間がかかった。勝山からの交通手段は電車である。当時はまだ「えちぜん鉄道」へ譲渡される前で、「京福電気鉄道永平寺線」といっていた。うっかり、時刻表から、冬期には最終電車が運休されることを見逃してしまっていたのだ。

待てど暮らせどやってこない電車を待ち続け、身体はすっかりこごえていた。おまけに冬の日暮れはとっぷり早い。あのままいたら、あわや駅で遭難、というまぎわ、通りかかった地元のお米屋のおじさんの軽トラックに拾ってもらったのだった。

こんな不便な場所に寺が開かれたいきさつは、もっと後で知ることである。

道を求めてさまよう僧の行く先は

道元は十四歳で当時の仏教の最高学府である比叡山延暦寺に上り、仏門に入った。

だが彼はすぐに疑問にぶつかってしまう。天台の教えでは「本覚思想」といって、人は皆生まれながらにして本来悟っている、というのだが、ならばなぜに厳しい修行をしなければ悟りが得られないのか。学んでも学んでも、彼の疑問に答えはみつからない。

心さまよう道元は、臨済宗の宗祖である栄西に教えを請いたいと思いたつ。だがいかんせん、栄西は道元が出家した二年後に、既に世を去っていた。

それでも彼は比叡山を下りると、栄西の開いた建仁寺に入った。栄西の直弟子・明全《みょうぜん》に師事するのである。しかしここでも答えは得られなかった。

真の仏法を学ぶには、やはり先進の中国で学ぶしかないのか。一大決心ののち、彼は宋へと渡ることにする。師の明全も一緒に行くことになったのだから、先の疑問は師弟で共有して向き合ったのだろう。

貞応二年（一二二三）、宋で彼らが門を叩いたのは天童山景徳寺の如浄《にょじょう》。その禅風はひたすら坐禅に打ち込む「只管打坐《しかんたざ》」だった。ゆえに道元もその影響を受けた思想になる。途中、ともに渡宋した明全は病に倒れ、異国の土となってしまう。その悲しみを乗り越え、道元はなお学び続け、ついに如浄の法を嗣ぐことを許される。帰国の途に就いた時には四年あまりの歳月が過ぎていた。

建仁寺にもどった道元は、その後、京の深草に興聖寺を建立して説法の拠点とするが、旧仏教勢力である比叡山から激しい迫害に遭うのは、他の新しい仏教の運命と同じだった。

せっかく学んだおしえを広めるのに、彼に必要なのは、迫害の難の及ばぬ静かな道場だった。

このとき、信徒の一人で越前国の土豪の波多野義重が熱心に彼を招く。道元はこうして越前にやってきたのである。

当初、道元が入った天台寺院の吉峰《きっぽう》寺は、今の永平寺よりもさらに奥にあった。道元はそこでひと冬を過ごすが、さすがに世間と隔絶される雪深い山中、考え直して、里に近いところに傘松峰大仏寺を建立する。これが山号寺号を吉祥山永平寺と改められるのは寛元四年（一二四六）のことである。

「永平」は後漢時代の中国に、初めて仏法が伝来した明帝のときの元号で、永久の和平を意味する。幾多の艱難を乗り越え、ようやく安らかに修行に没頭できる空間を得た道元の、偽らぬ本音が見える気がする。

井波彫刻　仏教がはぐくんだ技

日本人の「ものづくり」の才能は、今や世界が認めるところだ。黒船、電化製品、自動車と、他国が発明開発したものを、丹念に工夫し改良を加え、トップクラスの性能に磨き上げる能力では右に出る者はなかろう。

かつて仏教が伝来したときも、日本人のその能力に一気に火が付いた。

最初は渡来人の先進技術を、見よう見まねで、仏像、建築、絵画、と手法を学び取る。そのうち、日本古来の独自のセンスが加わっていき、やがて洗練された芸術が花開くのだ。

その典型的な例が、富山の井波《いなみ》の彫刻だろう。森に恵まれた国土から樹木を材料に選び、人の手のわざ一つで新しい世界を彫り込み、命を吹き込む。もとは寺院で需要のあった欄間から始まった伝統技術だ。

砺波《となみ》平野の南端に位置するこの地に、明徳元年（一三九〇）、本願寺五代門主綽如《しゃくにょ》上人が、瑞泉寺を建立する。以来、井波は瑞泉寺の門前町としておおいに栄えた。もっとも、寺は木造ゆえにいく度か焼失し、そのつど再建された歴史を持つ。そして、寺の復興のため、より豪華な欄間装飾を、との願いから、大工たちは彫刻に腕をふるった。これが「井波彫刻」の発祥だ。

町をめぐれば、今も寺の門前筋に、制作過程をオープンにしている欄間屋が何軒も並ぶ。伝統技術というとあらゆるジャンルで後継者不足の悲鳴を聞くが、ここ井波では若い職人の姿が少ない。町を挙げて、育て、守る対策が講じられているからだ。

井波彫刻総合会館には、間近で見られる彫刻作品が展示されていて見ごたえじゅうぶん。大作の欄間に限らず、獅子頭や天神様など、求めに応じて創り出される工芸品はさまざまだ。アーティストを気取るのでなく、あくまで地道な職人仕事として全国に知られている。このすばらしき伝統のわざが、さらに未来へ確実に受け継がれることを祈りたい。

新潟へ、彫り師・雲蝶に惹かれ

井波彫刻で知られる先述の瑞泉寺は、北陸では最大の真宗寺院。ほかに富山県西部には、蓮如上人の開基による古刹、城端《じょうはな》別院善徳寺がある。開基から五百三十年あまりを経た真宗大谷派の大刹だ。

また、行徳寺は、蓮如上人の高弟、赤尾道宗が開基した。茅葺きの山門は約三百年前の建築で、なんとも風雅。

さらに、光徳寺には、当時の住職と交流のあった棟方志功の足跡が残っている。彼の最高傑作と言われる「華厳松」は、六枚の襖に大胆荘厳な松樹が描かれた作品。むろん、こちらも十五世紀に建立された真宗寺院だ。

このように真宗との縁が深いのは、やはり、宗祖親鸞も、旧仏教からの迫害を受け、越後に流された事実があるからと思われる。

そこで富山からは新幹線のルートには沿わず、日本海ぞいを北へ、越後へと進んでいくことにした。この地のシンボルはやはり山。越後平野西部にそびえる標高六三四メートルの弥彦山だ。その山麓には、弥彦山を神体山として祀る神社、弥彦神社が鎮座していた。

『万葉集』にも歌われる古社であり、祭神の天香山命《あめのかぐやまのみこと》は、信濃川の治水や流域の開拓、農耕の

西福寺の石川雲蝶作品から、龍と琴を弾く玉巵と鬼女退治（撮影＝若林純）

指導など、産業の基礎を拓いた神として信仰される。つまり、越後国開拓の祖神という位置づけだ。

町では西福寺を訪ねることに決めていた。室町後期の開山で、現在の本堂は江戸時代末期の再建になり、比較的新しい建物と言えよう。だが、本堂の左手にある開山堂は、どうしても訪ねたかった場所なのだ。堂内や向拝に、驚くばかりの彫刻作品があるからだ。

幕末の名匠・石川雲蝶《うんちょう》の手になる彫刻である。絵画、漆喰細工、埋め木など、多くの作品が残っているが、圧巻は極彩色の天井画「道元禅師猛虎調伏の図」であろう。岩場で坐禅中の道元禅師が虎に襲われそうになるが、それを龍神が守ったという逸話である。虎と龍が睨みあう図が大迫力で描かれており、大胆にして繊細な彼の作風が一望できる。

雲蝶は幕府御用勤めの彫工で、江戸中に知られた彫工だった。だが江戸では「天保の改革」が始まり、質素倹約がうるさく言われた。酒好きで自由気ままな彼は、窮屈な江戸を抜け出し、ノミ一本で越後に招かれてくる。

雪深い越後で暮らしに追われる農民たちに、心のよりどころとなるお堂を作りたい。そんな住職に強く乞われ、栄達や名声を望むことなく彫り続けた雲蝶。こよなく愛した酒だけを報酬に、新潟県のほぼ全域に約千点もの作品を残した。ここには江戸の文化という花が、場所を違えて乱れ咲いている。

第十章

記憶の道標・式年を数えながら

――四百年大祭を迎えた日光へ

ある歴史的なできごとが起こって、壮大な時が流れ、〇〇年紀、と数えては当時をしのぶ。あるいは、国民の宝に値する文化財が建てられて、〇〇年記念、などと振り返っては、先人たちの精進と技に畏敬の念を抱く。そうしたメモリアルな行事が、近年、いくつか続いている。

たとえば、〝せんとくん〟のキャラクターで話題になった平城遷都千三百年。京都でも平安京千二百年、源氏物語千年と続いて、伊勢では千三百年続いた二十年ごとの式年遷宮があり、二〇一五年には高野山開山千二百年もあった。長く政治と歴史の表舞台であった関西では、あまりに毎年あちこちで式年行事があるから忙しいほどだ。

歴史は一朝一夕には成らず、と言うが、百年千年単位の由緒なんて即座には作れない。

ところが探せば他にもあるもので、関東地方を歴史の表舞台にした大恩人ともいえる徳川家康が亡くなって四百年の年というのも二〇一五年だった。ゆかりの寺や神社では四百年記念のお祭や行事が執り行われて盛り上がった。

もっとも、ふうん四百年ねえ、と反応が鈍くなるのは関西人。至るところに千年を越す歴史を誇る祭りや文化財がゴロゴロあるからいたしかたないが、なんといっても今回のテーマは「あずま下り編」。関西人ならではの視点で読み解くのが目的だ。盛り上がっている関東の式年を、訪ねてみることにしよう。

大阪の四百年を照らしてみれば

関東へと出かける前に、まず関西の四百年前を確認しておきたい。

家康が死んで四百年なら、関西にも、それにかかわる記念の場所はある。なにしろ歴史はすべて関西でつむがれた。教科書に登場するほどの人物は、必ず関西に足を踏み入れていると言っても過言でないのだ。

現に家康も例外でなく、死の直前、関西に歴史的な足跡を残した。「大坂の陣」である。

明日の生死もわからぬ戦国の乱世に生きながら七十五歳と長寿であった家康だが、死後の構想は常に頭にあった。気がかりはやはり、子孫のこと。そうして、自分の寿命を感じるにつれ、徳川家の安泰のため、最大の壁である大坂を、自分の手で片づけておかねばならないと決意したのである。

織田信長から引き継いだ天下を平定した豊臣秀吉はすでにこの世を去っていたが、遺児の秀頼はその後を継ぐ天下人として大坂城にいた。これを放置しておくことは徳川家の将来にとって禍根となる。そのため、家康は老齢にもかかわらず二度にわたって大坂に出陣する。これが冬の陣（一六一四年）、夏の陣（一六一五年）だ。

そこから数えて、二〇一四年・二〇一五年がどちらも四百年を迎える節目の年にあたるため、両年をひとくくりにして「大坂の陣・四百年」と銘打ち、さまざまなイベントが行われていた。

大坂方からみれば、家康には二度にわたって負け続け、ついには滅ぼされた年を記念しての行事ということになる。だが自虐的なのではなく、大坂城にて西軍かく戦えり、と奮闘をたたえるためなのである。日本人の伝統である滅びの美学、敗者に心を寄せる判官贔屓の国民性が原動力といえようか。

大坂城はよく「太閤さんのお城」と通称されるが、彼自身は京都に聚楽第《じゅらくだい》という豪邸を構えて住んでいた。そして、一人息子の将来のために、難攻不落の城を築いて与えたのがこちらになる。

だが家康に攻められた時に堀は埋められ天守閣は燃え、秀吉の手になる城はほとんどが消失した。したがって、現在の城跡に現存する櫓や石垣、門など、〝大坂城〟とされている文化財は、四百年前に城を復興した徳川によって建てられたもの。秀吉が作ったものではないのである。

幕府は代々、ここに城代を送り込んで大坂を統治した。直轄地なので城主はおらず、天守閣は再建されなかった。それでも、今に残る石垣の立派さ、巨大さは、いかに幕府が大坂を重要な地と考えたかを表している。

けれども市民町民はその城をあまりうれしいとは思っていなかったようだ。

なにしろ大坂には〝上方〟と自負する文化と歴史の優越がある。田舎出身の徳川が、ことあるごとにお触れやうるさい法度で庶民をちまちま縛ってくるのは耐えがたかったことであろう。いつしか権力者に反発する〝アンチ関東〟の感情が醸成されていくのも自然なことだ。

城についても、人々は徳川が作った城ではなく大阪が天下の頂上であった時代の復元を望んでいた。そしてその機運が盛り上がったのが昭和三年（一九二八）。戦争が迫る暗い時代というのに、数百年間失われていた天守閣を復興する事業が立ち上がるや、たちまち市民から寄付の申し込みが殺到し、わずか半年で目標額に達したという。

秀吉が築き、徳川が築き、そして大阪市民が自身で築いた三代目天守閣。もっとも第二次世界大戦の戦禍は容赦なく及び、昭和二十年（一九四五）の大空襲で多くの史跡を焼失した。米軍の無差別攻撃は、四百年前の徳川方の攻撃の比ではなく、文化財といえど容赦はなかった。空から見えやすいため、日本じゅうのお城が爆撃の標的となったが、大阪では、すでに降伏することが決定していた八月十四日にも百五十機ものＢ29が飛来し、約七百個の一トン爆弾を落としていった。惜しんで余りあるが、このとき大坂城も被弾することとなった。市民はあらためて、戦のない世のありがたさを切望したのだった。

恒久平和を表す日光東照宮

さて、関東の家康である。

「鳴かぬなら　鳴くまで待とうほととぎす」と歌ったほどに忍耐を重ね、苦労して時機を待った彼は、それゆえ自分の子孫には争いもない平和な世を残してやろうと考えた。そして早々と将軍職を息子の秀忠に譲り、将軍の世襲を決定づけただけでなく、将来の災いのたねとなりそうな大名らを葬った上で、二度と争いの世へ揺り返されぬよう法を整え、それを守る組織を作り上げ、揺るがぬ土台を作って冥土へと旅立ったのだ。

なんとぬかりのないお手際だろう。

子孫たちが、これほどありがたいご先祖さまへの恩を忘れず、〝神〟としてまつりあげたのも大げさではない。もとより日本には、生身の人間として生まれた者が業績によって神に格上げされた例はいくらでもある。学問の神となった菅原道真《すがわらみちざね》、戦いの神である八幡神として信仰を集める応神天皇などなど。そして日本の神は、仏教の仏が仮の姿で現れたもの、という本地垂迹《ほんじすいじゃく》の考えが加わり、さらに大きな存在となる。

家康が、神君家康、東照大権現、などと神格化されて呼ばれるのはそういうわけだ。

こうして、神になった家康を祀る神社が必要になった。

元和二年（一六一五）、静岡の駿府城《すんぷじょう》で、七十五歳の生涯を終えた家康は、ただちに久能山《くのうさん》に祀られた。日光に祀られることになったのは、家康本人の遺言からである。

その遺言によれば、遺体は久能山に納め、一周忌が過ぎたならば、日光山に〝小さな堂〟を建てて勧請《かんじょう》し、神として祀ること、と書かれてあった。家康は、みずから神になろう、と考えたのである。死してなお子孫や家臣のため、決して動かぬ北辰の星のように、関東八州を見守ろう、との覚悟であった。そこには戦乱の世を生き抜いた彼の、悲壮なまでの平和への願いが読み取れる。

こうして一年後、二代将軍秀忠は、父家康の遺言どおり、遺体を久能山から日光に移す。ほぼ家康の構想どおり〝小さな〟廟であっただろう。これを三代将軍家光が権力と財に明かして、絢爛豪華に造替する。それらは四百年の風雪に耐え現在に残ることになったのである。

質素倹約を旨とし、生涯を地味な暮らしで通した家康は、決してこんな豪華な社殿を予想してはいなかったに違いない。だが、孫の家光は、再三上洛しており、大寺院ではみやこの洗練を目のあたりにし、随所で織豊時代の絢爛豪華さにも触れただろう。負けじと関西から腕のたつ職人を関東に連れていき、将軍家の威光にかけた立派な建築にした。ケチと言われるほどの家康だから、豪華きわまりないこの東照宮を実際に見たなら、きっと絶句したに違いない。

日光を見るまで結構と言うべからず

さて私もこの年になって初めて訪れる日光である。それは関西人にとっては珍しいことではなく、私の周辺にも、海外にしょっちゅう旅行するくせにまだ日光に行ったことがない、という人は少なくない。

遠いから、というのが理由にならないのは、逆に関東人が、遠くともわざわざ関西へ、伊勢参りを口実に旅する大ブームが長く続いたことでも証明されている。価値あるものはどんな言い訳も認めぬほどに人を引き寄せるものだ。また、反・権力の民である関西人が徳川の威厳を示す寺社をありがたがるわけもなく、それがどうした、こっちは名刹古社をごまんと見ているのだから恥にはなるまい、と開き直りもしただろう。

内心おもしろくなかった関東人は、伝統にあぐらをかく関西人への反発としてこんなキャッチコピーを考え出す。

「日光を見るまで結構と言うな」――なるほど、私も、来てみて納得したクチである。

そこには、極彩色をほどこされた彫刻がおびただしいばかりに華を競い、やってくる者たちを

日光東照宮入口の社号標

見下ろしていた。まさに、権力を駆使して集めた最高峰の職人たちによる江戸時代初期の工芸・装飾技術の集大成。

　残念ながら私が訪れた時、日光東照宮のシンボルともいえる陽明《ようめい》門は、六年にもおよぶ平成の大修理の最中で、防護壁にすっかり覆われてしまっていた。だが順路をたどれば、他に表門、回廊、唐門、拝殿、本殿、奥の宮などすべてに数えきれない彫刻があり、その華やかさには唸らされた。

　うーん、これは大阪への挑戦か？――ついそんなふうに感じてしまうのは、同じ時代、関西に、少し先行する桃山時代に作られた華やかな文化財がいくつもあるからだろう。

　先述の大阪城の天守閣の、破風《はふ》に描かれた勇壮な虎の絵。また京都にある西本願寺の唐門は秀吉が建てた伏見城のそれを移築したもので、国宝となっているが、いずれも、手の込んだ凹凸で立体的に表現し、金はもちろんあざやかな色をほどこした絢爛豪華さ。いわゆる〝太閤好み〟と言われる、勇壮な中にも洗練された華やかさを持つ建築だ。

　それらを見た後でなら、東照宮が全面的に豊臣を意識し、さらに大規模に、自信と迫力に満ちて建造されたことがわかるというもの。たしかにこれを見るまでけっこうと言うな、その意気込みも納得できるのであった。

彫刻の極致をここに集めて

全体では五百八体もの数にのぼるこれらの彫刻は、故事逸話や子供の遊び、聖人賢人、花鳥、それに龍や麒麟、鳳凰など、吉祥を表す多種多様なモチーフぞろい。平和を象徴している図柄ばかりであることに気づく。

たとえば、有名な「眠り猫」。裏面では雀が舞って騒がしくても、猫も寝るほどの平和を表している、との構図。また、同じくらい有名な「見ざる・聞かざる・言わざる」の三匹の猿は、馬を入れる神厩舎《しんきゅうしゃ》の外壁を飾っているが、これも、猿のように平和な一生を過ごすべし、と説く意図がひそんでいる。

さらに、修復中の陽明門をくぐると、修復中とあって白い十二本の柱もビニールで覆われているものの、どの柱にも「グリ紋」と呼ばれる渦巻き文様が彫られているのがはっきり見える。そのうち一本だけ「魔除けの逆柱」と呼ばれ、渦巻きの紋様が他とは逆向きになっている柱があるらしい。

それは江戸時代の人々の、幸を不幸に取り替えられないための懸命な知恵。つまり、月が満月になった次の夜から欠け始めるように、完成したものは次の瞬間から壊れ始めるが、それをなんとか回避しようとの〝げんかつぎ〟なのだ。完璧なものは、完成した瞬間から風化や崩壊が始まる。ならば、わざと逆さに彫れば、まだ完成していないということになる。完成していないのならばそこから欠けていくこともない、終わりはないというわけだ。なんと素朴な論理であろうか。

完成度の高い彫刻を前に、これらを彫った職人たちの、神ではない、生身の人間としての息吹を感じるエピソードである。

こうして驚くべき精巧さで彫られた彫刻たちは、江戸の彫り師の技術の高さと透徹した美意識を今に伝えてくれる。そしてこれらがただの装飾ではなく、さまざまな象徴的意味を担っているのを解釈していけば、おっといけない、時間を忘れそうになるのだった。

宮と寺院が混在する聖地

眠り猫と同じくらい有名な「鳴き龍」は、天井に書かれた龍の絵で、顔の下で拍子木を打つと音が共鳴して鈴を転がしたように鳴くのでこの名がある。

入場券をもぎってくれる僧侶が説明とともに拍子木を打つ実演もしてくれるのだが、どこで鳴らしても反響が起きるわけではない。龍の顔の下に立って拍子木を打った時のみ、「カーン」と鳴った後、ころころころ……、と鈴のような音が響くのだ。

なんと風流なこと。こんな仕掛けひとつで、建物が人を惹きつける装置となるとは。

せっかくなので参詣の証に、集めている御朱印をいただいた。その時になって、やっと気づいた。さっき説明をしてくださったのも僧侶。そしてこちらで御朱印を書いてくださるのも僧侶なのだ。おや？　東照宮というお宮の中にあるのに僧侶とは、ここはお寺なのか？

「はい、こちらは輪王寺の薬師堂です」

どうしてです、と尋ねるまでもない。これは、神仏習合の形態が今に残ったもの。

日光に「輪王寺」というお寺が別だてであるのではなく、日光にあるお寺やお堂など、仏教関係の建物を総称して「日光山輪王寺」と呼ぶのだそうだ。

そういえば東照宮にたどりついた時、陽明門より先に目に入ったのが極彩色の五重塔だった。普通、塔というのは仏舎利を納めるための建築だから、お寺にあるものであり、神社にはない。

ちなみに式年大祭の今だけ、この五重塔の内部にある芯柱が公開されている。おかげで外からは見えないというのに極彩色に塗られた何本もの柱や、輝く金箔の張られた芯柱を見ることができた。日本の五重塔は世界最古の免震建築といわれ、東京スカイツリーにもその技術が活かされたとか。

こうした仏教建築があるということは、日光は、家康が自分の墓所として遺言するよりも前に、なんらか歴史があったということか。

そう、日光の歴史はたかだか徳川にまつわる四百年がすべてではない。勝道《しょうどう》上人によって開山されたのは、なんと千年以上も前のこと。高い山々に神が宿るという日本独自の山岳信仰の聖地だったのだ。

メインとなるのが男体山、女峰山、太郎山の三山。昔の人はそれぞれ、父、母、子になぞらえて山を眺め、三仏堂をつくってそれぞれの山を表す本尊仏をまつった。

やはり修復のためすっぽり覆われてしまっていたが、素屋根ができたおかげで、最上部に「展望通路」が特設され、普段は見ることのできない修繕の様子を見ることができる。

他にも、大猷《たいゆう》院はもちろんお寺だ。三代将軍徳川家光の墓所である。家光は東照宮の造営をしたことからも祖父である神君家康公を深く尊敬し、歴代将軍でもっとも頻繁に日光へ通った。江戸城で亡くなるときには「死んだ後も東照大権現にお仕えする」と遺言し、東照宮の敷地のそばに墓が作られることになったのだ。東照宮の方向を向いて建てられているのは、彼の心を尊重した結果であろう。

いずれにせよ、これらは寺院であるために、本来ならば明治時代になんらか姿を変えるところであった。明治政府は国策として国家神道を推し進めたから、例外なく神仏分離が断行されたはずなのだ。だが、日光は徳川家代々の特別な聖地であることから、なんとか現状維持できることを強く願い出た。その結果、明治天皇ご自身の配慮もあって、分離を免れることになり、今日に至っている。

かつて〝前政権〟である豊臣の城を滅ぼした〝新政権〟の徳川だが、今度はみずからが前政権とされ、明治という新しい政権に追いやられることとなった歴史の皮肉。だがこのときは、戦で壊したり燃やしたりするのではなく、たがいに思いやり理解し合って日光という聖地を残した。そのことは、家康が願った真の恒久平和、みだりに人と人が争いあうことのない大いなる理知の勝利と言えるであろう。おかげで世界遺産となる文化財がそのまま現代に手渡されることになったのである。

二〇一五年の五月十七日、四百年の式年大祭を訪ねた。駐車場に入る車、車で大変な渋滞であったが、文字通り五月晴れの、すばらしい天気。この日は神事としての流鏑馬《やぶさめ》が行われ、翌日は一千二百人の時代装束行列が繰り広げられた。

皆が願った平和は、こんなかたちでみごとに文化と伝統の花を咲かせ、日本が世界に誇る歴史となって結実した。それは戦のない世であるからこそ実現できた地上の夢。人の力の極みであろう。

そして思った。式年とは、四百年、千年と、過ぎていった時間の長さに価値をみるのではなく、現在に何が残り何が伝えられたかをみんなで確かめ、そして未来に何を渡すべきかを吟味するプロジェクトであるに違いない。日光には確実に、平和を求めた先人たちの思いが四百年の時を越えて受け継がれている。

参道を、栗毛の馬が駆け抜ける。騎乗の武者が力いっぱい弓を引く。ぱあん、と音が鳴って檜の板がまっぷたつに割れた。満座の客が歓声を上げるのを聞きながら、この式年が、五百年、千年と続くことを、心から願わずにいられなかった。

第十一章
東国へ、はじめの一歩の物語
——熱田の森から尾張名古屋へ

「あずま下り編」と題して関東の聖地を訪ねるこの紀行、十回を重ねたところでふと気づいた。そもそも「あずま」とはどこから見て、どこのエリアをさすのだろう。

いや、いまさらこんな確認をしたりして、面目ないが。

漠然と「関東地方」をイメージし、特徴的な地へ足を運んでみたわけだが、いずこに行っても、わかったことはただ一つ。日本を見渡す地理的視点は関西にあって、すべての歴史が関西を中心に書き進められた、という事実だった。

つまり、長方形の世界地図を見るときいつも日本が東の端っこにあるように、歴史的に先んじた西欧人が世界を眺めた時に方角は決まった。西欧から見て中くらい東だから〝中近東〟、大陸の果てのいちばん端っこだから〝極東〟だなんて、日本からすれば勝手なことを言うなと言いたいが、なにしろ名前をつけるのは早い者勝ちである。

同様に日本国内でも、最初に日本を統一した政権が関西に興った時点で、関東が「東」と呼ばれる運命は決まったのだ。

今回は、その「あずま」の起源を確かめに出かけたいと思う。

信長も尊崇した最高神の宮

名古屋で新幹線を降り、東海道本線で駅三つ。JR東海道本線「熱田《あつた》」駅で降りるものの、日中だからか、大都市名古屋からこんなに近いというのにあまり人影もない。しかし大津通りまで出て車の往来を確認すれば、目の前には緑の広がりが見え、そこが熱田神宮の社叢とわかる。入口は三箇所あるらしく、南にある正門、西門、東門のうち、正門から入ると、大きな鳥居が迎えてくれた。なにしろ敷地は約六万坪と広大なので、本宮にたどりつくまでに、第二の鳥居、第三の鳥居と、三つをくぐって歩く長い長い参道だ。

ざくざくざく、と自分が踏みしめていく玉砂利の音が心地よい。周辺道路を行く車の騒音がすぐそこに聞こえているというのに、空をふさぐばかりの参道の木立が、まるで聖域を隔絶するスクリーンのようだ。

三つ目の鳥居が見えてくるあたり、土に練り込み重ねた瓦のラインがシャープな印象の土塀が姿を現す。織田信長が、桶狭間《おけはざま》戦勝のお礼として奉納した築地塀で、信長塀と呼ばれているものだ。

戦国末期、今川義元が大軍を率いて駿河から西へ、関西めざし、都に進んでくるのを、ここ尾張で迎え撃つ羽目になる信長。多勢に無勢、勝ち目はないというのが客観的な見方で、彼は「人間五十年……」と幸若舞をひとさし舞うや、この熱田神宮へと馬を駆るわけだ。家来たちは慌てて彼を追いかけ、取るものも取りあえずこの境内に集まってくる。そして、そのわずかな手勢を率いて奇襲作戦に出るのである。

たしかに、数百騎の武将が集合できるこの広さ。天下統一の野望に向けての第一歩は、熱田神宮のこの広大な敷地があってこそリアリティを持つ。

ちなみに「日本三大土塀」というカテゴリがあり、その中にこの塀もカウントされているとか。他の二つが、京都三十三間堂の太閤塀、西宮神社の大練塀、と聞けばなるほどとうなずく反面、誰が選んだのだろうとツッコミたくなったりもする。

さて最後の鳥居をくぐり、正面には本宮の静かなたたずまいが視野に座る。伊勢と同じ神明造りの荘厳さ。決して華美でないのに、柏手を打つ頃までには、俗なる心はすっかり洗われ、厳粛なおももちになっているのを知るだろう。

ご祭神は、熱田大神。他では聞いたことのない神様だ。

それもそのはず、熱田大神とは、ご神体である草薙剣《くさなぎのつるぎ》の神霊のこととされており、日本に一本しかない剣だ。神社の案内書には、草薙剣を御霊代《みたましろ》として依らせられる天照大神のことだと説明されている。

しかし、この神社の創建のいきさつからすると、草薙の剣の使用者であった日本武尊《やまとたけるのみこと》とのかかわりは打ち消すことはできない。今なお熱田大神とは日本武尊のことだとする説もまた根強いらしい。そして私も、心惹かれるのはそちらの方。日本統一の戦に明け暮れ、大和への望郷の念やみがたいまま東国で客死した日本武尊。その人間像にせまってみたい。

ヤマトタケルの恋人

日本武尊、または倭建命、と書いてそれぞれ「ヤマトタケル」と読む。その人は、ご存知、日本書紀や古事記に登場する大和のヒーロー。河内一円には白鳥になって帰った彼にちなんだ名跡もあり、大阪府堺市には銅像も建っている。

景行天皇の皇子で、もとの名前は小碓命《おうすのみこと》といった。九州のクマソタケルを征伐した時、自分より強い者がいたと敵から賞賛されてタケルの名を譲られたのだ。

そのヤマトタケルが、名古屋界隈に現れる。そのいきさつというのは——。

幼少の頃から粗暴であったため父に疎まれ恐れられたタケルは、たどりつけるかどうかすらもわからない遠い九州へ行かされ、クマソ征伐を命じられるが、みごと討ち取り、出雲経由で堂々、大和に帰り着く。

英雄の凱旋である。

ところが父は、まだ旅の疲れも癒えない彼に、すぐさま、今度は東征を命じるのだ。東には、まだ大和に従わない国が十二あった。伊勢、尾張、参河（三河）、遠江、駿河、甲斐、伊豆、相模、武蔵、総、常陸、陸奥。そう、北海道を除くほぼ全域だ。

なるほど、これらのエリアは、当時まだ荒ぶる先住民、蝦夷《えせ》のテリトリーだったというわけだ。つまりは、これらが「東」の国々ということになる。

父天皇は、今度はキビノタケヒコという従者をつけてくれるが、タケルにとっては、ふるさとを追われ、わが家を離れ、いつ帰れるともわからない戦の日々の始まりだ。心が高ぶろうはずもない。彼だって大和で平和に暮らしたかったであろう。

東征に出向く前に、タケルは伊勢神宮を訪れるが、さすがに、父に死ねと思われているのかと気落ちする。斎宮を務める叔母の倭比売命《やまとひめのみこと》は、伊勢神宮にあった神剣、草那芸剣《くさなぎのつるぎ》と袋とを授け、「危急の時にはこれを開けなさい」と言い添えて、彼を送り出す。

戦うこと、勝つことだけを要求される彼ではあったが、命を賭ける孤独な旅に、心を癒やしやすらぎをくれる存在は必要だったろう。危険を承知で、彼は一人の女性を連れて行く。河内の豪族の娘で、名を、弟橘媛《おとたちばなひめ》といった。彼が心寄せる恋人である。

明日をも知れない戦いのさなかに女性を同行させるとは、互いに相当な覚悟をもっての出発となる。それだけ、片時も離れたくないという強い気持ちで二人が結ばれていたということだろう。

そう考えると、ヤマトタケルの東征は、父の命令に諄々と従うためだけのものではなく、また、東国征伐という大きな野心の達成のためでもなく、実は愛する女を守り、いつも一緒にいたいという、素朴な一念が成した偉業であったかもしれない。

そしてドラマは起きる。

戦いに明け暮れるタケルが相模の国に入ったとき、相模の国造《くにのみやつこ》たちに騙され、未知の地形の野にさそいこまれて火攻めに遭ってしまうのだ。火はたちまちのうちにヤマトタケルを包囲して、絶体絶命の大ピンチ。

このとき彼を救ったのが、伊勢神宮で倭比売命《やまとひめのみこと》からもらった袋の中の火打ち石だった。タケルは草を刀で切り払い、その火打石で火をつけた。向かい火を放ったのである。攻めてくる火をこちらから追えば方向が変わるという作戦だ。タケルは逆に敵を追い立てることに成功する。

さねさし　相模の小野に　燃ゆる火の　火中に立ちて　問ひし君はも

これは弟橘媛が後に詠む歌だが、燃えさかる炎の中で、タケルが弟橘媛の名を叫び、無事か、そばにいるかと常に気にかけ確かめる姿が目に浮かぶ。なんとしても彼女は守る、そんな彼の強い一念がうかがえよう。

こうしてタケルは弟橘媛もろとも、窮地を脱した。以来、この刀は「草薙の剣」と名を改められ、八咫鏡《やたのかがみ》、八尺瓊勾玉《やさかにのまがたま》とともに天皇家の三種の神器の一つとなるのである。

ちなみに、タケルと弟橘媛が向かい火で戦ったこの地は「焼津」というようになったとか。

「あずま」の由来

タケルはさらに東を目指して進む。

現在の神奈川県三浦半島と千葉県房総半島との間の水道であろう、走水海という海を渡ろうとしたときのことだ。海の神が波を起こし、大荒れとなり、船は波間にもてあそばれて前進することができない。

すると、もちろん彼と一緒に船に乗ってここまで来た弟橘媛が、意を決して言うのだった。すさぶる海の神を鎮めるために、わたしがあなたのかわりに海に入りましょう、と。彼女の願いはただ一つ、タケルに、天皇に命じられた任務を果させ、なつかしい大和へ帰らせてやりたい、その一心だ。

彼女は波の上に、菅の莫蓙《ござ》、皮の莫蓙、絹の莫蓙をそれぞれ八枚ずつ敷いてその上に降り、海の波間に消えていく。このとき詠んだのが先ほどの「さねさし　相模の小野に　燃ゆる火の……」の歌である。ともに生き抜いた炎の戦いで、自分を守ってくれたタケルへのあふれる思慕、そして今度は自分が彼を守り生かしたいという、いちずな願い。簡単に愛と呼ぶには、壮絶ですらある。

弟橘媛を飲み込んだ海は、やがて荒波を静め、船は無事に水道を渡ることができた。なんという犠牲であろうか。

七日後、海岸に彼女が身につけていた櫛が流れ着いたのを拾い上げ、タケルは泣いた。ともに苦しい戦いを生き抜き、ふるさと大和への望郷の念を分かち合った最愛の妻を失った男の涙だ。そこには彼女一人の命ではなく、タケルに従った名もなき無数の戦士たちの貴い死への鎮魂の思いもくみ取れる。

その後、タケルはさらに東へ行って、荒ぶるエミシをことごとく倒し、ようやく帰路に着けることになった。足柄《あしがら》の地であった。

彼の胸にこみあげる万感の思い。その深さを表すのに、多くの言葉は不要だろう。今までいた東の方を振り返り、嘆息とともにしぼりだされたその思い。やっと大和へ帰れるこの時に、いとしい妻が一緒でない。その寂しさ、むなしさ、守り切れなかった我が身の不運。

「ああ、吾《あ》が妻《つま》よ」

その〝東〟にこそ、一緒に連れて帰ってやれない妻、弟橘媛が眠るのである。
あずまとは、人を愛し、別れの悲しみを知る人間の、絶句また絶唱の地であった。

三種の神器の一つ、草薙の剣

戦いに明け暮れるタケルと常にその身に帯びた草薙の剣。実はこの剣、いくつかのストーリーを持つ因縁の剣といえる。

そもそもの名前が「天叢雲剣《あめのむらくものつるぎ》」だった、といえばぴんとくるだろうか。出雲で、スサノオノミコトがヤマタノオロチを退治した時、その八つの尾から出てきた剣である。これをスサノオがアマテラスオオミカミに奉納し、さらに地上に下るニニギノミコトに受け継がれ、伊勢神宮に祀られていた、というのがその由来のルート。

弟橘媛の死後、ヤマトタケルは、この剣を、尾張の国造の家に接待された時、娘のミヤズヒメに預けて行く。すでに勇名とどろく英雄となっているタケルであるから、国造としては、娘を嫁にもらってほしいと願っただろう。しかしタケルは、無事に帰還した時に、と約束をしただけで旅だって行く。そう、今度は、戦いに女を連れては行かないのである。

このことからも、弟橘媛が彼にとっていかに特別な存在であったかがうかがえる。一夫多妻の価値観の時代であるから、タケルがその後どれだけたくさんの女を妻にしようと責められないが、やすやすとミヤズヒメに手を出さなかった分、彼の中でまだ癒やされない弟橘媛への情愛がうかがえ、人間として男として好もしくなる。

古事記では、あたかもタケルがこの剣を置き忘れていったかのように記されているが、弟橘媛の思い出深いその剣を、彼が「故意に預けて行った」と解釈したいのは私だけだろうか。帯剣せずに行くことで、早く戦いを終わらせ、平和な世をつくり、自分もまた新しい恋に踏み出せるように。戦いに倦んで疲れた男の最後の望みは、案外ささやかなものだった気がするのだ。

しかし、さしもの歴戦の英雄ヤマトタケルも不死身ではない。ついに、能煩野《のぼの》の地で病に倒れて歩けなくなってしまった。そして最後までこの剣に思いを馳せ、戦いに終始した人生を振り返る。

嬢子《おとめ》の　床のべに　わが置きし　剣の太刀　その太刀はや

ミヤズヒメの寝床に置いてきた、草薙の剣。ああ、あの太刀はどうしただろうか。剣を納め、平和な世を導こうとした彼の、最後の願いが響くようだ。

タケルは、美しいふるさとの大和をまほろばとして最後まで夢に見ながら、あと少しという伊勢国で亡くなる。タケルが帰らぬ人となったことを知って、ミヤズヒメは近隣の熱田に宮を定め、剣を奉納するのだった。以来、皇位継承のシンボルの三種の神器の一つであるこの剣が置かれる場として、熱田は伊勢神宮に次ぐ権威ある神社として栄えることとなった。

去る二〇一三年、熱田神宮では草薙神剣を祀ってから千九百年ということで、記念事業が行われたばかりだ。ちなみにこの宝剣は、後に、皇位継承を正当化する「三種の神器」の一つになるが、源平の合戦の折、安徳天皇を抱いた二位の尼とともに壇ノ浦の波間に沈んで失われた。以後は伊勢神宮にあった宝剣をもってこれに替えられている。奇しくも同じ年、伊勢では遷宮に湧いた。いずれも、我々の国が持つ、いにしえからとだえず続く歴史の重みを心で量る節目であろう。

熱田神宮

みどりを浴びて境内を歩く

物語をかみしめながら、参拝をする。

相殿には、天照大神、素盞嗚尊《すさのおのみこと》、日本武尊、宮簀媛命《みやずひめのみこと》、建稲種命《たけいなだねのみこと》と、草薙剣に縁のある神がずらり、祀られている。一人、なじみのない建稲種命とはミヤズヒメの兄で、タケルの蝦夷征伐に副将として従軍したらしい。この宮が彼らの縄張りである尾張の地にある以上、そこに祀られてしかるべきラインナップといえそうだ。もちろん、弟橘媛が入っていないのは、ミヤズヒメ

熱田神宮の人気スポットの湧き水

側としては当然の了解事であろう。しかし、参道沿いの鳥居そばに六つ並んだ素朴な木のお社の一つ、水向《みか》神社の祭神がそれだと聞けば、納得もいく。

庶民の目からすれば、タケルのために犠牲になったヒメの人生は、御利益からいえば多くを望めないが、おそれることなく水に向かったというポジティブな面でとらえれば、祀るにふさわしい神ということなのだ。

何にせよ、境内外に本宮・別宮外四十三社が祀られているというから、一つ一つのご祭神を訪ねるだけで神話の絵巻が再現されるというもの。

本宮をぐるり、回り込むように社叢林に進んでいけば、「こころの小径」として静かな散歩道が整備されている。鬱蒼と茂る大木が静寂を醸す森である。その途上、気になるスポットがあった。清水社といって、祀られているのは罔象女神《みずはのめのかみ》。別名「お清水さま」として古くから親しまれてきた場所だ。目を患っていた平家の武将平景清がここの湧き水で目を清めたところ、祈りが通じて眼病が治ったという伝承も残る。その湧き水が溢れて石囲いの池になっている場所が、現代の女性たちに人気という。左右に柄杓が立てかけられており、湧き水をすくって水をかければ肌美人になるとか。

神話や歴史を離れ、こういう他愛のない民間信仰に寄り添うのもまた楽しい。

尾張名古屋の繁華街、万松寺へ

お参りのあとは熱田のもう一つの名物ともいえる「ひつまぶし」にも舌鼓を打つ。そして名古屋の町の中へともどっていく。

千九百年の歴史のうちに、尾張は驚くべき進化をとげた。熱田の森の静寂を歩いた後では、めまぐるしすぎる感がある。中でも大須は名古屋の一大繁華街として賑わうエリア。ところが、この地は、もとは二万坪を越す万松寺《ばんしょう》の寺領だったとか。それを、大正元年、三十七世大円覚典和尚が、市民に大部分を開放したことで、大須三丁目は、たいそう賑わうことになった。

もっとも、他の大都市の例に漏れず、昭和二十年三月十二日の名古屋大空襲で、大須地域一円は焦土と化し、本堂が再建されたのは平成に入ってからのことになる。それでも、今でもこの寺は大須一帯の大地主であるという。その歴史にふれてみると――。

創建は天文九（一五四〇）年、織田家の菩提寺として開基。慶長十五年には名古屋城築城の市街地整備で現在地に移され、尾張徳川家朱印寺として篤く信仰された由緒を持つ。

大河ドラマなどで描かれる信長の父の葬儀で、ひどい格好をした信長が父の位牌に焼香の灰を投げつけるシーンは、この寺で繰り広げられたことになるわけだ。

また、幼少時の家康が、人質として預けられたのもこの寺である。戦国ファンには訪れてみたい場所であろう。

荒ぶる神やまつろわぬ部族が住んだ東国。しかし信長や家康の時代には、この地こそが、関西へ、みやこへ、天下へと、歴史を折り返すエネルギーの地となった。それは、天下統一、日本を一つにと願うタケルの念が、たしかに受け継がれたという証かもしれない。

第十二章　森の民族のルーツに出会える〝お諏訪さま〟

――神長官史料館から諏訪大社へ

諏訪に行こう、と決めたのは、前作からずっと口絵ページの写真を撮ってくれている写真家の若林純さんのサジェッションによる。諏訪大社には、我々が一般的と思っている神社とは明らかに違う信仰と祀りのかたちがある、そう聞いたからだ。

関東の寺社はたいていい創建時代が新しく、また神仏習合によってどこも似たような形式の信仰となっているため、古社寺がごろごろある関西からわざわざ取材に出かけるモチベーションが下がりぎみになっていた。

ところが諏訪大社は、今まで見てきたものとはちょっと違う、いや、まったく異質な存在である、と聞けば、俄然、行きたくなってくるではないか。

乏しい知識をくりだしてみれば、学校の社会科では、諏訪といえば湖があって、気候冷涼、そのため湖のほとりでは精密機械の製造がさかん、……というようなことを習ったくらい。もちろん、テレビのニュースなどで、豪壮な〝おんばしら〟の祭礼が行われているのを見たことはあるが、しょせんその程度だ。

諏訪大社は、他とどう違うのか、どう特別なのか。それは行ってみてのお楽しみ。ということで、初めて諏訪を訪れた。

神話の世界にみる諏訪の神様

関西から諏訪へは直行ルートがなく、思った以上に手間がかかった。名古屋で新幹線を降り、「ワイドビューしなの」で塩尻まで約二時間。さらに特急あずさで上諏訪まで。トータル四時間半弱の旅である。たしかに関西からはそう頻繁に行けるところではないなと一人うなずく。

それはさておき、乗車時間が長いのを利用し、少し予習してみた。

諏訪大社。創建の年代は不明ながら、〝日本最古〟の神社の一つといわれる。

日本最古の神社なら、これまで、奈良の大神《おおみわ》神社、京都の下鴨神社、福岡の宗像大社など、いくつかお参りしてきたが、諏訪大社は、それらと時代を競うほどに、古くから存在するわけである。

かつて訪ねた日本最古の神社はどこも、土着の部族が祀った氏神だった。同様に、こちらも土着神の「洩矢神《もりやしん》」が主祭神。「守屋」や「守矢」と書く場合も見受けられ、日本に文字が伝わった時、いろんな字をあてはめたことがうかがえる。

ただ、別名〝ミシャグジ神〟でもある、との説明には、ぞくっときた。

どんな字を書くのか、後で専門家にも尋ねたが、カタカナで表す他はないらしい。

ミシャグジ。――なんとプリミティブな名前であろうか。日本人が文字を持つ前からの名であろうことは間違いない。

ところが、諏訪の神様が日本の正史に登場するのは古事記からのことになる。正史とは、関西にある朝廷が書いた歴史のことだから、それより古くからいた関東の神様は、たいがい征服されたりやっつけられるかたちで正史に姿を現すのがこれまでの例だ。

諏訪の神様もご多分に漏れず、神話の中では逐われる話で登場する。それはおなじみの日本神話、「国譲り」の場面である。

天上世界である高天原をしろしめすアマテラスは、地上世界の葦原中国《あしはらのなかつくに》を、孫のニニギノミコトに支配させることにする。そしてオオクニヌシが苦労の末に平定した日本を譲るようにと使いを送るが、これが武神で知られるタケミカヅチ。鹿島神宮のご祭神である。

彼は出雲のオオクニヌシのところへ行き、単刀直入に国を譲れと談判するが、オオクニヌシは、自分ひとりでは即決できないから、息子たちに訊くよう丸投げする。

その一人、コトシロヌシは、ふがいなくもすぐさまＯＫするが、もう一人の息子、タケミナカタ（建御名方）はそうはいかない。この国がほしいなら力比べをするまでだ、と血気盛んに進み出た。当然だろう、国の取り合いとは、歴史上の幾多の戦争が語るように、すべて力ずくで行われてきた。

こうして出雲のタケミナカタVS天上のタケミカヅチの対戦となるが、天から派遣されてきたタケミカヅチ、半端な強さではない。あまりに強すぎ、ついにタケミナカタは逃げ出した。そして、逃げに逃げて、ついに諏訪にたどりつく。そして全面降参、もうこの諏訪から出ないし国も譲るから許してくれと懇願し、この対戦は終結するのだ。

こうして、出雲生まれのタケミナカタは諏訪に居座ることになるのだが――。

そう、勝手にやって来られても困る。そこには先に、土着の神、洩矢神《もりやしん》が長く人々を支配してきたいきさつがある。

だが国譲りの原理は力ずくだ。ここでも、先住の神と、後から来た神との力比べが展開する。今度はタケミナカタが勝利した。

以降、タケミナカタがこの地で諏訪の神とあがめられることとなり、土着の神であった洩矢神は、それを祀る神官となった。これが守矢家。文字は異なるが、諏訪の土着神である洩矢神の子孫ということになる。

はじめて見参、おんばしら（御柱）

神話といえど、なんと壮大な話であろうか。人が地上で繰り返してきた戦いと調和の歴史が、ここでは矛盾なく今日まで伝わっている。

神の座を降り、諏訪大社の神官長となった守矢氏は、洩矢神から数えて七十八代まで、一子相伝の口伝で歴史を伝えてきたといわれる。

神長官守矢史料館（撮影＝若林純）

神から人へ、人から人へ、現代人へ。想像すれば気の遠くなる時間の経過のうちに、諏訪の人々が大切なものを守り伝えた、そのことにまず、深い敬意を表すのみだ。

こうなるともっと詳しく知りたいので、茅野市にある「神長官守《じんちょうかん》矢史料館」へ、最初に足を運ぶことにする。

門構えは一見、武家造りのよう。しかし中に入れば、ゆるやかに傾く屋根から高低四本の材木を突き出させた不思議な建物が目の前に現れた。この地で生まれ育った著名な建築家、藤森照信さんのデビュー作という。なるほど、奇想天外な建物である。

しかし守矢史料館周辺の敷地は古代から諏訪大社上社の神官だった

守矢家のもの。丘になった上方にはミシャグジ神の祭祀場である簡素な社があった。大きな樹木が梢をそよがせる、なにやら涼やかな神気に満ちた場所である。

そして社の四方には、枝を落とされ裸で切り出されてきた材木が立っている。これが〝おんばしら〟か。私にとっては初めて目にするものである。社殿の規模に合わせてあるのか、意外に細くて低い印象だ。

見回せば、横に並んだ小さな祠にも、それぞれの規模に合わせた材木が四方を囲んで建っていて、ちょっとシュール。

由緒不明の神様だというが、タケミナカタとは関係のない社でも、諏訪一円でおんばしらを建てるのが慣習になっているところを見れば、おんばしらとは、諏訪大社に起因するものではなく、それ以前からあるミシャグジ神信仰からのものかもしれない。

そもそもミシャグジ神とは精霊信仰ということらしい。何にでも移って宿ることができる原始宗教、日本では〝縄文の神〟である。そのため、神が寄りつく場として高い木を建てるのだという説もあるが、決定打ではないらしい。

もっとも、現在は神性が習合し、何もかもミシャグジかタケミナカタと混同されることが多く、いったいそこの神様の正体は何かと問えば、実際にはよくわかっていない、ということの方が多いという。

翻って考えれば、本来ならば力で負けて滅ぼされるはずの土着神がこうして生き残ったのは、タケミナカタから見て何か利用できることがあったからに違いない。事実、洩矢神はふしぎな呪術の力を持ち、地元民を統治する政治力にたけていたという。洩矢神のほうでは、敗れたとはいえこの侵略者とうまく融合することにより、自分たちが培ってきた縄文以来の祭祀を温存することができたのだ。

となると、守矢氏は、単に負けて神から降りた敗者ではなく、実にしたたかな宗教支配ということになるが、どうだろうか。

まずは神長官史料館でレクチャーを

さて、史料館の中へ。ここでは、守矢家に受け継がれてきた史料のほか、武田信玄の古文書などが保管され時期に応じて公開されている。だが、一歩、中に足を踏み込んだとたん、ギクッとするのは私だけではないだろう。そこには外見同様、サプライズたっぷりな内装と展示が待っていた。

まずは壁面を飾るたくさんの鹿や猪の頭の剥製《はくせい》にぎょっとする。二六頭あるそうだ。諏訪神社で鹿の頭部を供える「御頭祭」の復元展示という。中には、耳裂け鹿の剥製も。神への捧げ物には、なぜかこうした耳の裂けた鹿が一頭だけあった、というのが諏訪大社七不思議のひとつらしい。

これらは江戸時代の民俗学者・菅江真澄《すがえますみ》が描いたスケッチを元にして作られている。御頭祭は諏訪大社で最も重要な祭祀であり、守矢氏によって執り行われてきたものだ。

詳しい話を、学芸員の柳川英司さんに聞いてみる。

「神長官というのは、諏訪大社において現人神であった『大祝《おおほふり》』に次ぐ神職の高位だったのですよ」

な、なんですと？　現人神？　大祝？　しょっぱなから、まるで異世界に飛び込んだようなミステリアスな言葉が連発される。

「タケミナカタを祭神とする諏訪大社では、タケミナカタの子孫である諏訪氏が大祝という〝生き神〟の位に就くのに対し、モリヤノカミの子孫である守矢氏は神長官という筆頭神官の位に就いていたのですよ」

そんな昔の時代から、綿々とその神の血脈はつながってきたということか。

さらに驚愕の話は続く。

「菅江真澄の記した御頭祭の様子では、御神《おこう》さま、と呼ばれる子供を〝御贄柱《おにえばしら》〟という立木に縄で縛りつけていたそうです」

えっ、えっ？　贄《にえ》とはいけにえのことだから、その子供は、もしかして？

「かつては殺されたという話もありますが、実態はよくわかっていません」

御頭祭の贄の復元展示

串刺しにされたウサギの展示が目に飛び込んでくる。贄として捧げられる鹿、兎、猪、そして人間の子供。うーむ。これを動物愛護や人権の観点から残酷と判断するのは現代人の価値観だ。その日その日を生き抜くことに必死だった縄文人には、かけがえのない命を捧げることで、神から安泰を保証されたかったのだろう。贄とは、いわば最大幸福のための最少犠牲というところか。

もっとも「かつて」と限定するからには、時代が下れば命は無事だったようだ。

「御神さまとなる子供は大祝の代理。あちこちの村を回って神降ろしを行いますが、一年間の任期がすぎた後については不明です」

確かに、生きた神様に来ていただけるなら、どんな村でも大歓迎だろう。しかし一度神様になった子供は、その後、大人になってどんな人生を送るのだろうか。伺う話には想像が尽きない。

「鹿肉免」で肉食も許す諏訪大社上社へ

史料館でのレクチャーのおかげで、驚くべき諏訪の神様と信仰とが理解できた。

とりわけ、仏教で禁じられた肉食を、狩猟が獣を救う手段であるとして、鹿を食べてもよいという免罪符を出せるのは諏訪大社だけだった。そこには狩猟神と農耕神、二つの顔を持つ神ができあがり、神道の中で、お諏訪さま、諏訪大明神として形成されていく。

そのお諏訪さまも、さらに上社と下社に別れ、上社は上社で前宮と本宮に、下社はまた春宮と秋宮というふうに多様化していき、四カ所のお宮に分化していくのである。

どの順番でお参りするかは自由だが、今回は、洩矢神とタケミナカタが最初に融けこんだとされる上社から訪ねてみることにする。

上社のうち前宮は、おそらくタケミナカタがやってくる以前からあった拝所であるらしい。車が往来する一般道に鳥居があり、階段を上がっていくと畑の中に森が現れる。そこに鎮座するのが前宮だ。

社殿右手に、大きな「おんばしら」があるのがすぐ目につく。社殿左手に二番柱（口絵写真参照）。その裾を渓流がころがるように水音をたて、駆けていく。水眼川《すいが》だ。その清冽な流れはまさに、諏訪の森をはぐくんだしずくの一滴一滴が集まったものであろう。

この前宮は、大祝の住居神殿《ごうどの》があった場所というが、素朴で静かで、まさにミシャグジ神の信仰を守り続けた聖域としての神秘性を感じる場所だ。どういうわけか、初めて来たというのに懐かしい。これは誰もが子供の頃に遊んだ鎮守の杜の風景か。それとも血の中にある遠い先祖のデジャヴか。

まさに、全国各地の寺社が、戦時中、アメリカによる無差別空襲でその神聖な形態をあとかたもなく焼かれてしまった今となっては、諏訪こそは俗世に降りた神々が綿々と息づく唯一の里であるのかもしれない。

これに対し本宮は守屋山の北麓にあり、貴重な建造物が多く残る。やはりまっ先に目を惹くのは樹齢二百年ともいわれる樅の巨木のおんばしらだ。これは七年目ごとに一度、寅と申の年に立て替えられるというから、今、目にするものは平成二十二年の寅年に新しく立て替えられたものということになる。

力自慢のタケミナカタが御祭神というので、きっと御利益は戦いと思ったら、農耕や勝負、家内安全、弥栄の神社として崇められているという。かつて武神タケミカヅチに一歩も引かず、勝負を受けて立った勇ましい男神も、諏訪に定着し、妻も娶り、この地の安寧と繁栄に尽くしたということならば、なんだかいとおしい。

女神を祭る下社へ

下社は湖を挟んで対岸にあり、妻の八坂刀賣神《やさかとめのかみ》を祀ってある。

ある時、ヤサカトメが夫のいる上社から湖を渡ろうとした際、化粧用の湯を綿に含ませ、湯玉にして持参したという。途中、その湯の雫が落ちたところに湧いたのが上諏訪温泉。下社に着いて湯玉を置いたところから湧いたのが下諏訪温泉ということだ。

これにより諏訪の温泉地は「綿の湯」と名付けられることになったが、どうしてヤサカトメは上社から出ていったのだろう。化粧用の綿まで持って出たのだから、しばらく帰らないつもりの別居であったことは確かである。かつてのすさぶる勇神、タケミナカタも、彼女に出て行かれた時には、内心、タケミカヅチと戦った時より怖かったのではないか。

神の里には、やたら人間臭い二柱の神の様子が垣間見え、ほほえましい。

この下社では、二月と八月、春と秋で、神様が移動する。旧中仙道と甲州街道の分岐点の要所に鎮座するため、秋宮のほうが賑やかで、その分、春宮は静かに参拝できる。

両社ともに本殿はなく、代わりに「ご神木」があるのも、ここの大地に根ざして多産と豊穣をつかさどる女神の社にふさわしい。春宮は杉の木を、秋宮はイチイの木を、それぞれご神木とする。

本殿がないとはいうものの、神楽殿の奥には二重楼門造りの拝殿と、左右に左片拝殿、右片拝殿と、重厚な社殿建築が並んでいる。秋宮、春宮どちらも参拝すれば気づくことだが、これらは同じ絵図面を与えられて競い合った建築なのである。たしかに、大きさが違うので一見では気づかないが、よくよく見れば、彫刻の一つ一つまでが同じ意匠だ。実はここにも、ものづくりの技をめぐる人間ドラマがあるのだった。

宮彫りの竜虎を競った春宮・秋宮

江戸時代、諏訪藩主は、下社を再建するにあたり、当時宮作りの技術において隆盛をきわめていた大隈流、立川流の両者を選ぶ。「春宮」を諏訪藩作事大工棟梁である柴宮長左衛門矩重《しばみやちょうざえもんのりしげ》に。こちらは大隅流である。そして「秋宮」を立川和四郎富棟《たてかわわしろうとみむね》に。同じ規模、同じ期間で同時に作らせたのである。

諏訪大社下社秋宮（撮影＝若林純）

どちらも全力を尽くし、それぞれみごとな社殿を完成させたが、結果は「秋宮」を作った立川流の評判が勝り、これが立川和四郎富棟の出世作となる。

見上げる木鼻には唐獅子と象。二階の小壁には龍、唐破風には鳳凰。その縁下には荒波を天に昇れと行く鯉の彫刻。なんともダイナミックで、華麗の一言に尽きる宮彫りの数々。さらにこまやかに内部を覗けば、羽目には竹に鶴、牡丹や唐獅子、欄間には松に鷹など、建物のあらゆる箇所を巧みな彫刻で埋め尽くし、見飽きない。ものを創り出す力は神にもっとも近い作業と言われるが、これら社殿の隅々には、神々を喜ばせようと願う人間の、至高の技が尽くされている。

さらに、これら四つから成る諏訪大社では、七年ごとに「御柱祭」が行われる。宝殿を造り替え、山でおんばしらとなる樅の大木を選び、山から曳き出し、境内に建てるという一連の豪壮な祭事である。

四社あるから、それぞれ宮の四方を囲む四本で、合計十六本。山に、立派な大木がそれだけあることも驚異だが、逆に、この祭があるからこそ山の樹木が守られている事実もある。柱を山から里へ曳き出す「山出し」が四月、神社までの道中を曳き、御柱を各社殿四隅に建てる「里曳き」が五月。上社・下社それぞれで行われ、諏訪地方六市町村の氏子たちの血を沸かせ、熱狂させる。

祭は、山や水や森の生物たち、生きとし生けるものらをおそれうやまい感謝した先祖たちの熱いエネルギーと、無意識に一体化する体験なのであろう。

近代生活の中で、いつか眠ってしまった遠い森の記憶を、諏訪は衝撃的に呼び覚ましてくれた。

第十三章

本州さいはての聖地を行く

――津軽から下北、恐山へ

人には、死によって別れざるをえなかったかけがえのない大切な人に、もう一度会いたい、と強く願うときがある。

この原稿を書いている盛夏、日本は終戦記念日を迎え、各地で慰霊の行事が行われている。原爆が投下された八月六日に広島マツダスタジアムで行われたプロ野球は、広島チームは peace（平和）を胸に掲げたユニフォームで戦い、対する阪神のアルプス席でもいつもの賑々しい鳴り物を使わず、粛々と応援を続けた。皆が、原爆で奪われた十四万もの無辜の命を思って、心を一つにした時間といえよう。

わが家でも、お盆祀りをしながら、義母が南方で戦死した兄のことを話すのは毎夏、常のことだった。まだ十代の若さで召集され、空っぽの骨壺で帰宅したその人に、義母は一言、会いたいなあ、そうつぶやいて、遺族会で訪れた海へ、花束を流しに行った日があった。

その叔父が亡くなった南の島、ペリリュー島へは、二〇一五年には天皇皇后両陛下（当時）が慰霊に赴かれ、玉砕よりもつらい地獄を見た兵士たちへと皆の心が注がれた。義母が元気であればきっと感激で涙したに違いないが、高齢と病とでそれと認識できなかったことが残念に尽きる。

人はそのように、死者に向き合い語り合うため、現地へ、亡くなった現場へと足を運ぶのである。

死者に会いたい、死者の声を聞きたい、との願いは、生き残った者の気持ちを整え、明日に向かう勇気をもらうことにほかならない。慰霊とは、生き残った者たちがなお生きるために必要な儀礼なのであろう。

そして日本人には、現地に行くというほかに、失った人と対話できる地があった。

それが、東北、本州最北端にある霊場恐山《おそれざん》だ。古くから、そこへ行けば死者に会える、そう信じられて来た山だ。

多くの日本人が、会いたい死者と向き合う夏。私も、恐山へとでかけてみた。

まさかり形の半島を、六ヶ所村を経て

その山へ行けるのは、一年のうち半分だけ。毎年五月一日から十月三十一日の間だけと決まっ

ている。それほどに雪深く、また険しく奥深い高みにその山はある。

交通手段も限られるので、青森空港からレンタカーを借りて北上することにした。片道九十キロ超の行程である。

ねぶたで知られる青森市は、新幹線も開通し、便利な施設もそろった東北有数の大都市であるが、浅虫から野辺地《のへじ》、むつ市と、北上するにつれて景色は変わってくる。

左手に陸奥湾、右手に太平洋と、両側を海で挟まれた細長い半島は、地図で見ればまさかりの形をしている下北半島の、ちょうど〝柄〟の部分に相当する。

二年前、この〝柄〟の途中の、太平洋側にある六ヶ所村を訪ねた。言わずと知れた日本原燃の核燃料処理施設がある村だ。

莫大な費用をかけて築かれた施設は、福島の原発事故を受け、そのときすべての操業が止まっていた。このまま原発ゼロで行こう、という機運が日本中で高まる中、現地の人から聞けた話は貴重だった。

「海から吹き付けるやませのせいで作物は実らず、農業では食べてはいけない。それが、原燃が来たおかげで仕事もあるし、やっと土地も売れてここを離れることもできるんだよ」

なんと切実な声であろうか。ゆたかな風土に暮らす関西人には想像だにできない現実。遠く原発から離れた都市で電力による便利さを享受する者が、原発や関連施設の廃止をうんぬんする時、こうした現実を知らずにいてはならないと痛切に思った。

ひとたび事故が起きれば数千年間、人が住めない廃墟になる危険を知りつつも、それを受け入れるしか生きる光はないと決断させる土地の厳しさ。車を運転する道すがら、右に、左に見えてくる巨大な風力発電の白い風車も、妙にむなしく胸に迫る。

だが車などない時代、自分の足で歩いてこの厳しい地を北上し、下北の山の中に聖地を求めた先人がいるわけだ。日本人とはなんとストイックな民族なのであろうか。

アイヌが名付けたウソリの地

その日の天気予報は雨。朝から黒雲が空を覆い、雷鳴が轟いた。

結果的には下北半島全域に大雨警報が出たほどの激しい雨となったが、幸いにも雨の合間を縫い、一度も濡れずに山へ到達することができた。ふしぎなことだが、この『聖地巡拝』の取材の間、どこに行っても雨に当たらず、〝傘いらずの玉岡〟のジンクスを更新中なのは、やはり神仏のご加護と思うほかない。

カーブ、カーブで山を巻き上がる道の途中、「展望台」という標識が現れる。ちょっと眺めてみたい、という誘惑にあらがえず、ひとまずルートからそれてみる。何もない山の中を十分ばかり。途上、車の往来は一台もない。道の真ん中に車を停めて鳥居と記念撮影できるほどの閑散ぶりは、大雨の天気予報のせいなのか。

展望台に来てみれば、眼下に、雨雲と霧の合間にたゆたうような湖が見下ろせる。森がなだらかに裾を落とし、湖面はなにやらこの世のものでないような白濁した青色をしている。宇曽利《うそり》湖、というそうだ。

え？　宇曽利湖？　思わずつぶやき返す。

ウソリ、ウソリ、オソレ……。なんだ、本当は恐ろしい山ではなかったのか。

その通り、元は「ウソリ」が正しい名前。アイヌ語の「ウショロ」で、窪地という意味だそうだ。これが倭人の進出により、転化して「オソレ」になったらしい。

雨雲に隠れ、山々の全容は確認できなかったが、周辺には剣山、地蔵山、鶏頭山、円山、大尽山、小尽山、北国山、屏風山と八つを数える峰があり、それらが囲むカルデラ盆地の底に宇曽利湖があるというあんばい。

その形は、さながら蓮の花の形のようなので、蓮華八葉と呼ばれている。これらの山に囲まれた盆地の総称が「恐山」というわけだ。

宇曽利湖

ＧＰＳなどない時代、よくもこれだけの地形を正確に把握したものだと感心するが、先人の知恵はそれだけではない。

宇曽利湖の北岸一帯の山地では、いたるところで噴気現象が見られ、温泉も湧き、鼻を突くような硫黄臭がただよって、草木一本育たぬ荒涼とした風景が展開する。これを「地獄」と見立てた感性のすごさ。

さらに進めば、さきほどの宇曽利湖の岸辺が広がるが、正面の山影を映す湖面はこんな陰鬱な曇天にもあざやかに冴えた青緑色で、一転、魂がたどりつくべき浄土にも見える晴れやかさだ。湖から北東に流れ出る川を「三途の川」と名付け、霊界と俗界の境と見立てたのも、なんという想像力か。

伝承によれば、貞観四（八六二）年、天台宗を開いた最澄の弟子、円仁《えんにん》（慈覚大師）がここを開山したという。

『奥州南部宇曽利山釜臥山菩提寺地蔵大士略縁起』によれば、円仁は唐に留学中、地獄と極楽を供えた霊山の夢を見た。そして帰国後、夢の景色を探し歩くが、苦労のすえにたどりついたのがこの地だという。つくづく、日本人は、山野を歩き、景勝に出会うことで感性を洗う民族なのだろう。すべて、よくなぞらえた、と感嘆するばかりの景色である。

人は死んだら〝お山〟さ行ぐ

とはいえ、開山から千二百年たった現代では神秘の霊山も事情が違う。もちろん、昔は山に上ること自体が厳しい修行であったのに、汗もかかずに車でスイッと行けるというのもその一例。なのにそのことは棚に上げ、川に架けられた太鼓橋に興ざめしている自分がいた。

菩提寺山門

日本人にとって川を渡るのはその水中に身を進めてのこと。それが御祓《みそぎ》にもなったのだ。橋が架かれば川の持つ意味は薄まる。まして、橋のたもとに建てられた奪衣婆《だつえば》と懸衣翁《けんえおう》の石像には唖然とするばかり。芸術性もアニメの要素も見られない、ただただ醜悪な石像で、子供には見せたくないなと目を伏せたのは私だけではあるまい。もっとも、橋を行ったり来たりして、三途の川から戻ってきちゃったぁ、と喜ぶ観光客を見ると、ここはテーマパークになったのだとあきらめるのみか。

自分自身がその一人だと自覚しつつも、信仰の場にどれだけ観光客を受け入れるかは、今後、聖地が向き合う俗化という大きな

恐山の共同浴場

課題であろう。

さて、地蔵山菩提寺にたどりつけば、威風漂う立派な山門が出迎えてくれて、驚いた。半年間は閉ざされる雪深い山の中の霊場というからには、もっと素朴なイメージがあったのだ。本坊はむつ市内に円通寺というお寺がちゃんと町場に合う規模で門を構えているのだし。山門をくぐって正面に見えてくる地蔵堂の立派さにも感服した。さすが全国で知られる霊山だ。俗化はあながち悪だと責められないことかもしれないと考えを改める。

参道脇を流れる溝からは硫黄の匂い。覗くと黄色いものが結晶している。流れの源をたどれば、「恐山温泉」と呼ばれる湯小屋だった。火山地帯にあるため、こんな境内にも温泉が湧き、湯に入れるのだ。

それぞれ、「冷抜の湯」、「古滝の湯」、「花染の湯」と名前のついた簡素な共同浴場になっていて、参詣者は入湯無料。時代を反映してか、女性用がそのうち二棟もある。いずれも白濁した硫化水素を含む酸性の緑《りょく》ばん泉《せん》で、けっこう熱め。浴場の注意書きには、「高温なので入浴は短時間にしてください」と書いてある。何人もの女性参詣者が利用しており、中にはバスグッズ入りの籠を持参してきた人もいる。さっそく私も入ってみるが、数分でゆであがってしまった。

温泉にはさまざまな効能があるといわれ、病院などない昔の人は、ここで病を癒やして帰ったのだろう。昔は健康な者もこの温泉で身を清めてからお参りしたそうだ。

地獄と浄土のはざまに集まるイタコ

本堂に参詣した後、境内というには広すぎる白茶けた岩山の方へ回ってみる。

ここが賽《さい》の河原《かわら》。

よく見ればそこにもここにも、小石を積み上げた塔があり、ところどころ風車が回っている。幼くして死んだ子供の慰霊のために捧げられたものだろう。たしかに、樹木など育たぬこの荒涼とした石の原の中では、花など供えたところでそぐわない。

親より早く死んだ子供は賽の河原で石を積み、それを鬼が崩して、また一から積み直す、という。だがここに積まれた小石の山は、一人旅立った子がどうしているか、案ずる親が涙に暮れて積んだものに違いない。

小石の原の先に現れる水辺は、火山の成分を溶かしたエメラルドグリーン。酸性が強く、ほとんど生き物も生息しないそうだ。

ここを「極楽浜」と名付けたのは、せめて死んだ子に、やがて行く美しい地の風景を見せてやりたいとの親心だったのか。

現世の風景でありながら、ここは、いつか誰もがたどりつく場所。つまり、ここは死者の魂が集まるところなのである。土地の人々が、「死んだらみんな、お山さ行ぐ」と信じてきたのはこの風景ゆえのことだった。

その意味でも、東日本大震災の後、恐山で被害者の霊を慰める法要が営まれたことは意義深い。

毎年七月下旬に開かれる恐山大祭や、十月の恐山秋詣りには、多くの信者が参拝する。祖先の霊を供養し家族の安全を願うのはもちろんだが、大祭の日にここで地蔵に祈れば亡者を苦行から救うことができる、と信じられてきた。また、新仏の歯骨を恐山に納める風習も、ここならではの特色といえる。

期間中、境内には、亡き人の声を口寄せするイタコの仮小屋が並ぶのも、他にはない光景であろう。

イタコとは、生まれながらに盲目、あるいは幼い頃に視力を失った女児が、修行により能力を磨いて霊媒師となった人をいう。修行後に神おろしの儀式を受けて神の花嫁となり、イタコとなるのである。それが地蔵を本尊とする寺に集まるのだから、これも独特の神仏習合といえよう。

私もその存在は子供の頃から知っていた。母がぽつりとこぼした言葉からだった。

「お母さんに、会いたい……。恐山に行って、イタコさんにきいてみたい」

人には誰でも母があり、もう後がない苦境に陥った時、母を呼ぶのは自然なことだ。だが死者に会って聞いてみたいとは、いったい私の母は何に行き詰まっていたのだろうか。子供心に、ずっと忘れられずにいた。

　その後母が恐山を訪ねることはなかったから、きっと自力で絶望に打ち勝ったのだろう。しかし、そこに行けば死者に会えるという言い伝えは、死者からはぐれて孤独な現世を生き抜く者にとって、最後の希望となっていたことは間違いない。

　もっとも、イタコが恐山に集まって口寄せを行うようになったのは戦後からという。それだけ、戦争によって無理矢理別れざるをえなかった死者がおびただしく、その声を聞きたい、会いたいという民間の需要が高かったことがうかがえる。

　今回、イタコの木村さんを紹介していただいたので、連絡をとってみた。だが教えられた番号は、「本日の受付は終了しました」と留守番電話の応答が回っているばかり。

　いやいや、今の私には心から会いたい死者がいるわけでもないのに、安易にコンタクトを取るのが間違っているのだ。ほんとうに必要としていたならばきっと電話はつながったはず。そう考え直し、受話器を置いた。

　そして思い出したのが去年の記憶だ。津軽を舞台にした小説『ひこばえに咲く』の出版記念のイベントで、雪の青森に来た時のこと。駅前にあるアウガという大型商業施設のイベントで、何人かの占い師がブースを並べているのに興味を惹かれ、座ってみたのだ。

四柱推命でも星占いでもない、霊占いというブース。やってくれるのは目の見えないおばあさんで、これが強烈な津軽弁だ。何を言っているのかさっぱりわからなかったが、五円玉に赤字で何か書いて握らせてくれ、私には中国のお坊さんの霊がついていて金運はある、と繰り返してくれたことだけが理解できた。それにしてもどうして中国のお坊さんが金運なのか、翌日、もう一度聞いてみようと行ってみたが、もうおばあさんはおらず、派手なカルメン調のおばさんに変わっていた。

イタコは恐山には常駐せず、ふだんは青森や八戸《はちのへ》で普通の生活をしているということだから、案外、あれは雪の期間のアルバイトだったのではないかとも思ったりする。ふしぎな体験だった。

何にせよ、現世と来世をつなぐ場所と言われる恐山には、人は、科学や常識を越えて、死者との対話を信じてみたいのだ。

蝦夷地を望む津軽半島

旅も終わりに近づいた。

そのまま車を走らせ、津軽半島へと回ってみる。

竜飛岬《たっぴざき》はその名のとおり、まさに竜が飛ぶかのような荒々しい風が吹く場所だった。その海峡の向こうはもう北海道。

幕末にはこの海に、ロシアの船がさかんに出没し、日本を脅かした。長州の萩からやってきた吉田松陰は、そのさまを見て国防の必要を痛感し、憂国の思いを吐き出す漢詩を書き殴った。松陰の絶唱が迫ってくる岬の端だ。

スピーカーで石川さゆりの『津軽海峡冬景色』がくどいほどに繰り返される公園を後に、東津軽郡三厩村《みんまやむら》へ。

そして外ヶ浜を通りかかった時だった。道の脇に、「義経寺」とある。

Uターンして車を停めた。もしかして――。

兄の源頼朝に追われ、奥州平泉の衣川で自刃して果てたはずの義経だが、実は生き伸びて蝦夷地へ逃れたという伝説は根強く残っている。だが本当に、こんなところに、その足跡があるのだろうか。

立て看板の脇から坂道を降りていくと、海を見下ろす格好で建つお寺の境内に出た。ご住職がおられたので、関西から来たと話し、御朱印をいただく。聞きたいのは、本当に義経はここまで来たのですか、ということだ。

「はい、ここまで逃げて来て、竜飛岬で荒れ狂う海を前に観音像に祈ると、三頭の龍馬が現れ、海峡を渡ることができたのだと」

それから五百年後、この地に、全国を回って木彫りの仏像を残した木食僧の円空がやってくる。そして海で、光る仏像をみつけるのだ。それは義経が祈ったあの観音様だった。

円空は流木で仏像を彫り、中に観音像を納めて祀ったが、それがこの寺の始まりという。むろんその観音像は秘仏で、見ることはできない。

長い歴史の中で、国民ぐるみで逃がし守りそして生かし続けた伝説の英雄。ここにその最後の足跡があった。

それが本当かどうかなんて、どうでもよかった。そこに民衆のやさしさと希望がこめられていたのはまぎれもない。ここもまた聖地。

今日もまた晴れである。岬の上では、何日間もこの日を待っていたというカメラマンたちが、沖にくっきり姿を浮かばせる北海道の陸影にさかんにシャッターを切っていた。

この国には海がある、山がある。そして、人がいて、神がいて、仏がいる。すべてがとてもやさしく、美しい。

第十四章　みな人が一度は参る善光寺

——信濃へ、西国霊場の番外地

「西国ご詠歌」と善光寺

二〇一四年夏、長く同居した義母が亡くなった。

認知症で八年におよぶ介護と入院生活だったので、本人も私たち家族も、声にはならないけれど、本当によくがんばったね、お疲れ様と、ねぎらいがしみわたるお別れになった。

しかし気を抜くまもなく、初七日以来、七日ごとの逮夜《たいや》に法要が待っていた。

慣れないだけに法要は準備も事後も大変だが、私の住んでいる関西では、ほかに、家族で故人のために「ご詠歌」を挙げるのが何よりの供養とされる。ご住職が帰られた後、精進落としの会食の前に、集まった兄弟親戚で必ずご詠歌を唱和するのだ。

ご存じのようにご詠歌とは、一番霊場那智の青岸渡寺《せいがんと》から始まる「西国三十三所」の札所巡りのご詠歌のこと。

そもそも三十三霊場は「西国」が日本最初で、札所巡りの元祖と言うべきもの。後世になって江戸に近い坂東や秩父にもこれをまねた三十三所ができたことから「西国」と特記されるようになっただけだ。したがって、西国には歴史上名高い古刹ばかりが札所となっている。

ところがそれら近畿の寺々にまじり、〝番外〟として、ごく自然に「善光寺」のご詠歌が収まっている。そして誰も違和感なく、最後に善光寺さんを詠ってシメとするのだ。

西国のはずなのに、なぜ信濃のお寺がここに？　すぐにわけを知りたいが、いちばん詳しい義母亡き今は、教えてくれる人もない。

そこで今回の旅は、善光寺を訪ねてみようと決めた。ちょうど三十三番のご詠歌もこの寺で終わり。聖地巡拝のこの旅にも、ふさわしいしめくくりとなることを願って。

旅の終わりの善光寺

関西から善光寺へ行こうと思っても、公共の交通機関では直行はない。大阪からは新幹線で名古屋を経由し、中央線特急「しなの」に乗り変え、トータル四時間強で長野にたどりつくというあんばい。歩くしかなかった昔は、さぞ大変な旅であったろう。

それでもまるで圏内の寺同然に、西国からの参詣がたえなかった近しいお寺。それが善光寺だ。その証は、ご詠歌にある。

私が使っている「西国霊場ご詠歌」では、本の最後に善光寺は登場する。驚くべきは、一か寺なのに、なんと二十一番まであること。

その一番は、こうだ。

「うづもれて　なにはのいけの　みだにょらい　せなにおいます　ほんだよしみつ」

そう、善光寺のご詠歌はみやこのあった関西、難波《なにわ》から始まるのである。「善光《よしみつ》」という人名が音読みされて寺号となったこともここで解明。そして二番は、

「こころざす　くにはしなののほとりにて　うすにすえます　これぞさびしき」

となり、もう仏様が信濃の国のほとりに運ばれて、粗末な臼の上にとりあえず据えられた寂しい様子が詠われる。

さらに五番以降、はるばると山や谷を越え、信濃の国へとおまいりに行く心境が綴られ、「遠くとも　一度はまいれ善光寺」となる。

後は、いかにここの仏がありがたいかが詠われていき、心からここの仏を拝めば浄土へたどりつくことができると詠い継ぐのだ。

ここで今一度「西国霊場ご詠歌」を開いてみると、それは三十三の観音霊場を一つ一つ巡拝し

ていく旅の歌であると確認できる。めざす寺への遠い道のり。やっとたどりついた観音様のもとで眺める雄大な景色、大自然がおりなす美しい現象の数々。旅の苦労が一度に報われ、達成感が満ちわたる感謝の時だ。

そうした歌を逮夜ごとに皆で唱えるという風習も、考えてみれば、新しく仏となって浄土をめざす故人の旅を、ともにたどって過ごそうということかもしれない。

善光寺のご詠歌では、それ一か寺で、浄土までの旅のすべてが盛り込まれていることになる。なぜにそこをめざすか、そこから何が始まるか。言い換えるなら善光寺は西国の人々にとって、最後にたどりつき、かつ最後に旅立つための、遠い寺であったのだ。

庶民の祈りがささえた大寺院

国宝建造物の敷地面積を比較すると、一位は東大寺大仏殿、二位が三十三間堂と、いずれもみやこのあった奈良や京都で権力者の庇護を受けた大寺院が大きさを競う。それらに次いで四位に連なるのが善光寺だ。

雪深い鄙《ひな》の地に、よくまあこんな大寺院を、と感嘆するが、「牛に引かれて善光寺まいり」と諺にもあるとおり、この寺が数百年間にわたる長い歴史の中で、無名の庶民の信仰にささえられてきたことは打ち消せない。

本堂は「撞木造《しゅもく》り」と呼ばれる総檜皮葺《ひわだぶ》き。なるほど上空からの図面を見れば、仏壇の前で鐘を叩く時に使うT字型の〝撞木〟によく似ている。つまり、通常のお寺に比べ、間口に対して極端に奥行きが長くなっているのが善光寺の構造といえる。

むろん、その奥行の大きさは、単に威容を示すためではない。広さ約百五十畳といわれる本堂の内陣は、明治中期まで、全国から参詣した何百という信者たちが夜通し「お籠もり」をした場所なのである。すなわち善光寺の本堂は、その内側に大勢の参詣者を受け入れ、庇《かば》い、一夜を過ごさせるのに必要なキャパシティーをそなえた、民衆のための建物だったのだ。入り口が三か所あるのも、大勢の参拝者を迎え入れるためであるのは間違いない。

善光寺本堂（撮影＝若林純）

御本尊の一光三尊阿弥陀如来は、最奥の瑠璃壇に安置してある。むろん絶対秘仏であって、近年では二〇一五年の「御開帳」で公開されたのも「お前立ち」である分身仏だ。お姿が見えないにも関わらず、庶民たちは一心に祈りをささげた。昔の人々は現代人より、ずっと心の目が確かであったのだろうか。

最大限に近寄れるのは「お戒壇巡り」で、本堂の床下の真っ暗な回廊を巡り、本尊・一光三尊阿弥陀如来が安置されている瑠璃壇の真下にある「極楽の錠前」に触れることができる。だが、なにしろ暗闇で、何も見えないのはしかたない。

歴史は「絵解き」が知っていた

これだけのお寺であるのだから、その始まりを知りたいが、再三火事に遭っているため草創期を語る学術的な史料は残っていないという。その代わり、境内から出土した白鳳時代の川原寺様式を持つ瓦などで、七世紀後半頃にはこの地にかなり大規模な寺院があったことが裏付けられている。

京の貴族を中心に浄土信仰が盛んになった十一世紀前半には、すでに善光寺はみやこでも有名であったようで、さまざまな文献に登場する。その背景には、「善光寺聖《ひじり》」と呼ばれる民間僧が本尊のご分身仏を背負って全国を巡り、民に善光寺信仰を広めた功績が大きい。これは本尊と同じお姿をしているといわれ、数え年で七年に一度行なわれる「善光寺御開帳」で開帳される前立本尊とも異なるそうだ。先の東日本大震災後、東京での出開帳《でがいちょう》が行われ、多くの方を弔った。

仏像みずからが遠くへ出向くことにより、そのありがたさが広まったわけだが、やがて聖たちは、文字の読めない庶民にもっと簡単に伝える方法を考える。それが絵巻だ。

くるくると巻物にすれば携帯にも便利だし、物語が絵になっているので一目瞭然。その絵を説明していくのが〝絵解《えと》き〟であるが、中には語りの巧みな聖もいて、日々苦役に追われる庶民にとってはまたとない娯楽であったろう。そうなるとお札をもらうだけでは満足せず、じかに参詣したいと望む者もふえていく。村々では積み立て金式で旅費を作って参拝する「善光寺講」も生まれていった。

こうして全国的な善光寺ブームを創出するのに貢献した絵解きであるが、現代もなお、これを行っている寺がある。参道の並びに位置する宿坊の一つ、淵之坊《ふちのぼう》だ。「縁起堂」の別名のとおり、歴代住職が「善光寺縁起」の絵解きの役を担ってきた。

三巻から成るこの絵巻物、実際に前にすれば、想像を超える壮大な時空の物語であった。遠くインドで生まれた善光寺の本尊仏、一光三尊阿弥陀如来。百済《くだら》国を経て日本へ伝わり、善光寺が建立されるまで、実に仏教伝来のはるかな歴史が一挙に迫って、圧倒される。

三巻目が日本における物語で、ご詠歌の一番にあったとおり、みやこに近い難波で始まる。欽明天皇十三（五五二）年、仏教伝来の歴史的事実へとさかのぼって、絵解きは語る。

崇仏派の蘇我《そが》氏と廃仏派の物部《もののべ》氏との争いの中で、一時は仏教の形勢が悪く、阿弥陀如来像は難波の堀江に投げ捨てられてしまう。だが時を経て、信濃国司とともに都にやってきた本田善光が堀江にさしかかった時、水の底から光輝く本尊仏が出現するのだ。

大阪市内の地理を知っている者は、きっと驚きの声を上げるはず。大阪駅から南の市街地は歴史あるエリアで、御堂筋、四ツ橋筋と、南北に大きな通りが走っているが、その西側に位置するのが「あみだ池筋」なのだ。

このあみだ池筋と、長堀通りが交差する位置、大阪中央図書館から東寄りに、古典落語にも登場する和光寺がある。大阪大空襲の後、都市化が進んだせいで、マンション群に囲まれた鉄筋作りのお寺だが、なんと、その境内にある小さな濁った池こそ、善光寺の本尊仏が輝きながら出現した池だったわけだ（奈良の説もある）。

善光は仏像を信濃に持ち帰り、貧しい自宅でいちばん上等な臼の上に祀って、妻の弥生とともにお仕えする、という続きの話も、ご詠歌の第二番で描かれているとおり。

淵之坊ご住職による善光寺縁起の絵解き（撮影＝若林純）

絵解きではその後、一人息子の善佐《よしすけ》が早世するので、善光は地獄の閻魔様に命乞いをしに行き、望みをかなえられるというストーリー展開。

息子は息子で、現世への戻り道、地獄に堕ちてきた高貴な女性とすれ違い、再度閻魔様に願い出て彼女の命乞いをする。またも望みはかなえられ、二人とも生還する、というオチは、日頃の信心のおかげ、と説く絵解きの目的そのもの。その女性が皇極天皇だったというのはなんともドラマティックだ。

それにしても女帝はいったい何の罪で地獄に？　なぜ閻魔様は助けてくれたの？　疑問が持ち上がっても、絵解きはライブであるので、その場でぶつけて解決できるからストレスがない。

皇極天皇とは、女性でありながら後に斉明天皇として重祚し、二度も天皇になった人。歴史でも名高い大化の改新（乙巳の変）で、崇仏派として仏教の普及に務めた蘇我入鹿が殺された時、救いの手をさしのべなかった、というのが地獄行きの理由らしい。ご住職の若麻績《わかおみ》享則《たかのり》さんは、すらり長身の体躯を活かし、軽妙な語り口で絵解きを進行してくださるが、質問があれば終了後に丁寧に答えていただける。まさに、語り手と聴衆が顔と顔とをつきあわせて物語を共有する絵解きならではの交流と言えよう。

祀られた三人のうちに女あり

絵解きを聞いた後で、再度、本堂へおまいりすると、不思議なことに、さっき見落としていたものが見えてくる。内陣の奥、内々陣をよく見てみよう。ご本尊が安置されている瑠璃壇はけっして正面にあるのではない。瑠璃壇は不滅の灯明とともに内々陣の向かって左。そして、それと並んで右側に、まったく別の、「御三卿の間」があることに気づく。

そこには三体の像が祀られており、中央は寺を開山した本田善光。その右側に妻の弥生、左は息子の善佐と並んでいる。三体ともに、仏ではなく生身の人間であるのは、あまり他では見たことがない。

弥生が片膝を立てているのは渡来人系だったから、との説もあるが、絵解きをしてくださった淵之坊住職の若麻績さんは別な解釈をくださった。

「弥生の右側の壁をごらんなさい。少し高いところに灯り採り窓があるはず。弥生は、窓の向こうから阿弥陀様のお声が聞こえてきたら、すぐに立ち上がるため片膝立ちなのです」

なるほど、と唸るばかりの画期的な解釈だ。とすると、男尊女卑の時代にあって、女性の弥生が内々陣にまつられていることも納得がいく。弥生は、仏の声を託される〝巫女〟のような存在だったのであろうか。古代では、女性こそが神の声を聴ける存在だった。

武士階級ではいざ知らず、庶民の間では連綿と、男神女神で協働してよき国造りをするこの国の伝統が、絶えることなく伝承されていた。それを裏付けるようで感慨深い。善光寺が庶民、特に女性からの信仰を集め得た理由も、こんなところにあるのかもしれない。

宿坊に泊まりお朝事体験、お数珠頂戴

淵之坊は善光寺の三十九ある宿坊のひとつとして全国からの参拝者を受け入れている。二年前

に改装して大浴場なども快適になり、お料理の評判も高いので、そのまま泊めていただくことにした。翌日早く、本堂で行われるお朝事《あさじ》に参加するためだ。

日の出とともに本堂で始まる「お朝事」は、全山の僧侶が一年を通して欠かさず勤める法要である。かつて「お籠り朝詣で」といわれ、本堂で一夜を明かした全国からの参詣者が翌朝のお朝事にそのまま参列したという。明治末期に本堂での寝泊まりが禁止されてからは、早朝六時頃（季節によって時間変動）から始まるこの行事に参加するなら、宿坊にお世話してもらうのが便利といえる。

現在の善光寺は天台宗と浄土宗の山内寺院によって護持されており、それぞれの長を「大勧《だいかん》進《じん》」貫主と「大本願《だいほんがん》」上人と呼ぶ。どちらのお方も「雲上人」あるいは「生き仏」と形容されるトップであるが、どちらが上というより、並立する東西の横綱と考えればよいと教えてもらった。

お朝事もそれぞれの宗派が一回ずつ法要を勤める。

訪れたのは冬とあって、宿坊が分厚いスタジアムジャケットやダウンジャケットを貸し出してくれ、ホッカイロを仕込んで完全装備で山門に向かう。

石畳の向こうに、お導師にさしかける朱傘が見えてきた。「大本願」は、善光寺の創建当初から歴史を共にしてきた尼僧寺院。つまり女性の寺だ。代々の住職である尼公上人が、善光寺上人として伝統を継いでこられた。

参詣者が頭を垂れつつ、お導師が通る石畳の道の脇に、次々とひざまずきはじめる。

私もならってひざまずくが、石畳の冷たさが膝頭からしみとおるよう。雨の日や雪の日は、参詣者は山門下か本堂の回廊にひざまずく（口絵写真参照）。

従者を引き連れたお導師は、お朝事の行き帰り、ひざまずいて待つ参詣者の頭を、数珠の房で撫でていく。これを「お数珠頂戴」という。お数珠をいただくことで善光寺如来の恩恵にあずかれるという、早朝の善光寺ならではのありがたい風景である。

私の頭上にも、しゃら、と一降り。撫でるというより、掠めていったという感触。だが頭を垂れた瞬間から、何か清浄な空気が通り過ぎた気配を感じた。何かはわからない、けれど体がすがすがしく浄化されたような。

「大勧進」と「大本願」、お朝事は二つの寺院が順に行うので、「お数珠頂戴」のチャンスはありさがり（行き帰り）を含めて四度。生き仏と庶民との瞬時の交流がこうして何百年も続いてきた理由は、科学や言葉では解明できない、この不思議な体感のせいであるのは間違いない。

もうひとつの絵解き「刈萱伝説」

このように現代では天台宗と浄土宗がささえているものの、善光寺は本来、無宗派の寺院。仏教がさまざまな宗派に分かれる前の、大陸から伝来した仏教を奉じる寺であるという理由は、絵解きを聞けばうなずける。

無宗派だけに、さまざまな宗派の高僧が立ち寄り、足跡を残しているが、東大寺の勧進に活躍した重源《ちょうげん》、浄土真宗の開祖親鸞などはその代表。さらに、説教節に登場し、かつての日本人なら誰もが知っているほど有名だった高野山の刈萱道心《かるかやどうしん》も、最後は善光寺で生涯を終えている。

西光寺住職夫人の絵解きを聞く（撮影＝若林純）

その物語を絵解きで語り継ぐ寺、西光寺を訪ねてみた。山号を刈萱山というとおり、開祖は刈萱上人。

上人とその息子石童丸が刻んだ二体の仏が本尊として祀られている本堂で、三幅の掛け軸を掛けてもらい、住職夫人の竹澤繁子さんに絵解きしてもらった。

顔も知らない父を探して、幼い身ながら高野山まで来た石童丸。ふとすれ違う僧侶に尋ねてみれば、なんという奇縁か、それが恋しい父だった。しかしあらゆる現世の恩愛を断って修行に没頭する刈萱道心、我が子と知りつつ父とは名乗れぬそのつらさ。

物語のヤマ場に応じて強弱をつけ、まるで歌うような繁子さんの語り口に、すっかり引き込まれる数十分。いつか目頭も熱くなる。

「私が嫁いできた時にはとだえていたんですよ。絵巻だけが残っていて、何もわからない。我流でやり始めたら、訪ねてきた旅の参詣者が、そこはこうだ、と教えてくれたりしてね」

それが絵解き復活の瞬間というなら、なんという幸運、なんという生命力であろうか。

「仏教芸能といって、昔は地方の神社や寺の境内で、ずいぶん盛んだったようですよ」

ここにも、大衆が信仰した善光寺ならではの実りがあった。絵解きは、庶民好みの情の世界を語りながらも、同時に、人として守るべき戒めを教育する使命も負っていたのだ。

だからこそ聴衆の反応をみながら盛り上げたり省略したり、一体になって完成させていけた。録音など残らないからこそ、一期一会。その場かぎりの完成度で、人々の記憶に残り、語り伝えられていく絵解きの深さ。

本当は、この寺に伝わる別の絵巻、「十王巡り」「六道地獄絵」を、不正や偽装の多い現代人にたっぷりと聞かせてほしいものだ。

日の暮れは早く、取材を終えて見上げた空にはもう宵の明星が輝くが、いく星霜が過ぎようと、人が幸せを求める気持ちは変わるはずもない。としたら、信心を忘れた現代人に言えるのは、やはり、「一度は参れ善光寺」ということなのであろう。

第十五章

北の新天地に宿る神と仏

――アイヌの神々、鎮護の杜とガンガン寺

風が吹けば木立のかなたに風神を見、雨が降れば天の雨雲の中に竜神を見る。そんな、本来は見えるはずのないものの存在を、心の眼でとらえてきた日本人。聖なるものが居ます地は、まさに全国各地に散在している。

このシリーズ紀行では、みやこがあった畿内を起点に、そうした聖らかな地に祀られてきた寺院や神社をめぐってきた。その後、あずま下りと称し、東日本にも足を運んで、一区切りついたはずなのだが、東の果てにまだ先があることが気がかりだった。

そう、ここまで来たら、北に上るしかない。

この国の歴史ではもっとも新しいエリア、北海道へと。

二〇一八年には地震に襲われ大きな被害が出た。もうどこが被災地になっても不思議でないと

言われる災害大国日本だが、地を鎮め、人を守る神や仏と生きてきた長い歴史の中に、大自然と折り合いを付けながら安寧に暮らす教訓は残ってはいないだろうか。

災害を被られた方々を心から悼み、一日も早い復興を願いつつ、先人たちが祈りを捧げた聖地を訪ねてみた。

メモリー・イヤーの北海道

二〇一九年はいよいよ平成が幕を閉じようという歴史の節目。

だがその前にここ一、二年、日本史上において大きな時代の区切りとなった年から数えて百五十年、というメモリーイヤーがいくつか続いた。たとえば二〇一七年は神戸港開港百五十年に大阪開市百五十年、大政奉還百五十年。そして二〇一八年は明治百五十年。かながわ明治百五十年や兵庫県政百五十年など。

それらは明治という節目から数えてのこと。政権も国策もまったく別物になった日本が、近代という欧米スタンダードに衣装替えして国際舞台に躍り出た、そんな時代をふりかえる機会というわけだ。

それら「百五十年」の中に、北海道も、一つの記念を刻んでいる。

二〇一八年は「北海道」と命名されてから百五十年目の節目であったのだ。

八月には天皇皇后両陛下（当時。現上皇・上皇后陛下）が百五十年記念式典にご出席され、最北端の小さな離島、利尻島をご訪問になったことも話題になった。

北海道は、明治二（一八六九）年八月十五日、太政官布告によって「北海道」と命名されて開拓が進められてきたのだ。

そこは古来、アイヌの人々が住み、狩猟をなりわいとして独自の文化を営んできた地であった。当然、彼らには彼らの神がいる。

アイヌの人々を描いた絵

アイヌの神々は日本人のそれと同様、動物や植物、自然現象など、あらゆるものに宿るとされている。――カムイ。彼らはそう呼ぶ。たとえば大地の神はモシリカムイ、海の神はレプンカムイ、炎の神は女神でアペカムイ。また天然痘のカムイもあれば憑神《つきがみ》や風邪のカムイもある。つまりは人に恵みをもたらすものもカムイなら、うちのめすような災厄をひきおこすものもカムイであるわけだ。雄大な自然の中にある北海道だから、それは切実に感じられる存在だったことだろう。

人々が何をあがめ、何を畏れて暮らしてきたか、神とは、ある意味、文化そのものであるのかもしれない。

北海道の名付け親

さて、そんな、いわば他人の土地ともいうべき蝦夷地《えぞち》では、古くからアイヌと和人との交易が行われていたが、アイヌが本土へ渡ってくることは厳しく取り締まられるようになり、本土からほど近い北海道南西部、すなわち渡島《おしま》半島に和人が出掛けていって交易を行うことが定着させられていった。

これにより戦国末期にはすでに蝦夷地の中に和人地が確立していた。ここで勢力を得た松前氏が、徳川家康に支配権を認められ、松前藩が成立する。

農地からの実りがないため石高《こくだか》なしという藩であり、財政基盤はすべて蝦夷地のアイヌとの交易独占にあるというのは、他に例のないタイプの藩である。

時は過ぎ、メモリアルな百五十年前に視線を移そう。

版籍奉還、廃藩置県と、めまぐるしいまでの新体制への移行の中で、新政府には富国強兵の悲願があった。それを実現するためには新しい領土が必要だ。広大な北海道は、思惑にかなうまたとない大地といえよう。

そこで開拓使はじめ、無数の開拓民が送り込まれることになる。

しかし蝦夷地という名のままでは、やはりアイヌという他人の土地、という印象をぬぐえない。日本固有の領土であるとみなすためには、まず、それらしく名を改める必要があった。

そこで、未知の大地である蝦夷地を熟知している人物に諮り、ふさわしい命名が行われることになった。

今ではすっかり定着した「北海道」の名を挙げた人物。それは誰であったのか。

ちょうど私が訪れた夏には北海道博物館で百五十年記念事業の一つとしての特別展が開かれていた。タイトルは「幕末維新を生きた旅の巨人　松浦武四郎《たけしろう》――見る、集める、伝える――」。

そう、その人こそが〝北海道〟の名付け親。

しかし私は考えこむ。えーっと、それは、どなたでしたっけ？　不勉強にして私は知らなかった。レンガ造りの北海道博物館を訪ねていくと、まずその人物の肖像写真に迎えられ、彼のすべてを知ることができた。

松浦武四郎とは、江戸時代の終わりから明治にかけて活躍した探検家で、伊勢参宮街道沿いにある生家は今も残っているらしい。

全国から伊勢参りに押し寄せる旅人たちを幼い頃から見て育ったせいか、彼の内なる旅へのあこがれはやみがたく、初めて旅に出たのは十六歳。以来、二十六歳になった時には長崎で五年間も僧侶をやっていたというから、とことん変わり者といえよう。

そして、この長崎が運命を変える。当時の長崎は、日本で唯一、外国に向けて開かれた港。海

松浦武四郎

外からの情報も聞こえてくる。彼は、たびたび近海に出没する外国船のうち、凍らない港を求めるロシアが蝦夷地を狙っていることを知るのである。そして居ても立ってもいられず、蝦夷地へと旅立つのだ。日本の危機に際し、自分の力で蝦夷地を調べ、多くの人に伝えようと決意したのだった。

それにしても、長崎から蝦夷地ははるかに遠い。武四郎は身長が百五十センチたらずという小柄な男だったらしいが、日に六十キロ歩くほど健脚だったそうだ。蝦夷地へは実に六回も探査に訪れ、くまなく歩き回ったという。蝦夷地から日本列島を見た逆さまの地図は、かなり正確で、見ごたえがある。

他にも、展示されている彼のスケッチが秀逸だった。各地の山や川、海、動物や植物、アイヌの踊りなど、着色のある素晴らしい絵を数多く描いた腕はみごとなもの。エリモサキ（襟裳）では大蛸と戦う裸の漁師。ヲタル（小樽）では海を望む座敷で遊女と遊ぶ図。大川すなわち石狩川に浮かんだ船を漕ぐアイヌの衣装の大胆な図柄。どれも貴重な資料であるが、普通の絵師が描いた説明ふうの記録とは趣が異なり、俳画を思わせる味わい深いタッチで、その地に生きとし生けるものたちがいきいきと描かれている。

とりわけ、展示の中で目を引かれた絵は、アイヌの踊りだ。一人一人の表情が柔らかく、眺めるだけで思わず笑みをもらしてしまう。描き手の慈しみの眼があるからこそのできばえであろう。
どこの国の民族でも、踊りは神に見せるもの、捧げるものを原初としている。日本の芸能もそうだ。天照大神《あまてらすおおみかみ》に見せようとした天鈿女命《あめのうずめのみこと》の踊りをルーツとして、いつか民が楽しむものになっていった。ゆえに、武四郎が描いた絵の、アイヌの村人が一列になり、そろって踊るなごやかな場も、カムイに捧げる祭りの場ではなかったか。たとえば豊漁をカムイに感謝して。たとえば春が来たことを美しい女神のカムイに感謝して。――絵の中の笑顔から広がる想像は尽きない。

しら雪のつはさおほへて蝦夷人か袖うちはふくたつ丶舞かな

彼はアイヌの人々との交流を深め、アイヌの長老から、「カイ」というアイヌ語が、この国に生まれた者、という意味であると教わる。これが後に、北「海」道につながるのだ。

アイヌのカムイ

そのように独自の文化を有したアイヌであっても、歴史は悲しい。常に支配をたくらむ和人から攻撃を受けるばかりであったからだ。それでも、南方のクマソや隼人《はやと》が最終的には征服され混血化してしまったのに対し、エゾやアイヌは最後まで「まつろわぬ民」として今日まで存在し続けた。

しかしながら和人たちはずる賢かった。アイヌとの衝突は常に和人の騙し討ちや裏切りによる勝利で終わり、純粋で疑いを知らぬ彼らは常に敗者の道をたどる。

江戸時代には松前藩があらゆる利権を支配することになるが、農業を基盤としない蝦夷地に幕府の支配監督が及ばないのをいいことに、残るアイヌの領域——北海道全域にあたる蝦夷地をも、しだいに支配を強めて藩領化していくのである。その際、アイヌの人々を騙したり虐げたり、聞くに堪えないひどいことが行われた。

こうしてアイヌはだんだんに追いやられ、土地や生業を奪われ、伝統的な文化さえも奪われていった。我々の先祖が犯した罪の歴史をたどれば、胸が詰まる。

こうした先住民の悲劇は、他の大陸でもほぼ同時代に起きている。インディアン、アボリジニといった誇り高き民族がたどった運命はどれも、アイヌと同様、迫害され、虐殺され、差別されるだけの、衰退の道であった。

戦いによって大切なものを奪われるたび、彼らはどの神にすがり、祈ったのだろう。神々は彼らを癒やしただろうか、救ったのだろうか。近代化という歴史の陰で、カムイたちは沈黙している。

ガンガン寺の鐘の音

松前藩は蝦夷地における交易の利権を独占し新参者の参入を許さなかったが、淡路島生まれの商人、高田屋嘉兵衛《たかたやかへえ》は、当時松前藩の眼中になかったほどに小さな湊、箱館（函館）に拠点を置く。そして廻船業と漁場経営で莫大な富を築き成功をおさめた。函館は、彼の事業の隆盛とともに発展したといっても過言でない。

その函館が、安政六（一八五九）年、幕末に諸外国との間に結ばれた修好条約により、外国に向けて開港されることとなる。長崎、横浜と並ぶ、日本最初の貿易港である。

函館ハリストス正教会

当時の錦絵では、函館山の麓からぐりっと湾曲する海岸線のふところに、多くの蒸気船や帆掛け船を浮かべた港の賑わいが見て取れる。すでに幕末以来、さかんに日本近海に出没していたロシア船は、開港後の函館にもっとも多く入港する外国船であったことだろう。

街には居留地が築かれ、他の開港地同様、ロシア人は限られた地に住まわされるが、人間は人間だけでは生きられない。人間の暮らすところには必ず神が同伴する事実は、洋の東西を問わないだろう。

こうして、異人館が建ち並び始める中に、彼らが連れてきた神の居場所も定まっていく。キリスト教の教会である。

現在も、北海道の観光地のベスト5《ファイブ》に入る美しい聖堂で知られる函館ハリストス正教会だ。正式名は「主の復活聖堂」という。

もともとはロシア領事のゴシケヴィッチが領事館内に聖堂を建てたのを始まりとする。安政五（一八五九）年のことである。日本正教会としては、この聖堂こそが伝道の始まりの場所ということになろう。後に拠点は東京の神田に移され、ニコライ堂（東京復活大聖堂教会）を中心に宣教が拡大されていくが、函館のこの教会は今なお現役で、最古の伝統を誇りつつ存在感を放っている。

もっとも、建物は火事で焼失するなど何度か再建されている。現在のものは大正時代に建てなおされたもの。緑色の尖った屋根に瀟洒な白い壁が美しく、重要文化財に指定されているのも納得だ。

だがこの教会が有名なのはその外観のせいばかりではない。なんと、鐘の音は、「日本の音風景100選」に入っているのだ。

かつて、この教会は函館の街の人々から、「ガンガン寺」と呼ばれていた。その呼び方に嫌悪がなく、むしろ親しみがこもっているのは、やはりその音色が美しく清らかであったからだろう。最初に聖堂ができたときには五個の鐘を使って楽器のように鳴らしたというから、なんだか、心やわらぐ音色が響いてきそうな気がする。

明治四十（一九〇七）年に教会が全焼したとき、鐘も衝撃でバラバラになり、再建時には以前のように複数ではなく、大きくして一個きり、という鐘が登場した。ということは、もうガンガンとは響かず、一個だけだから、ガーン、というところか。

ところがその後、今度は関東大震災で神田にあるニコライ堂の六個の鐘が壊れてバラバラになった。復興するについては、函館の聖堂の大きな鐘一個と、神田の六個の鐘が交換されることになるのである。これでもとのように、ふたたびガンガン寺というわけだ。

第二次世界大戦時には他の多くの寺院や教会の鐘と同様、金属供出という運命をたどり、ガンともに鳴らない時期が続くが、戦後には新しくなる。

鐘はやはり平和の証。函館湊へ、潮風に乗って鳴る軽やかな鐘に、しばし耳をすませた。

北海道鎮護の神社

道南はこのようにして、江戸時代から繁栄していた函館を中心として開けていったが、残る蝦夷地はまだ手つかずであった。

北海道の開拓は明治初年から大きな懸案事項だ。国家の機関である開拓使が置かれ、多くの開拓民が送り込まれることになる。だが、いかんせん、北海道全土を掌握するには函館では偏りすぎている。

そこで札幌が着目されることになった。

当時の札幌へは原野の細道を行くがごとき厳しい道程だったらしいから、現在の繁栄には、やはり百五十年の重みがある。

日本人は、新しい地に入るときにはまず土地の神に敬意を払い、平和裏に日常が始められることを何より願う。現に、今も家を新築する時、地鎮祭を欠かさないことにも表れていよう。古来、神の祟りは何よりも恐ろしかったのだ。したがって、先住の神を追い出したり否定したりすることなく、あくまで融合していくというのが日本人のやりかただ。

明治天皇は、明治二年九月二十一日、北海道鎮護の神を祭祀するよう勅命を下す。

むろんこれより先に、入植者たちにより各地にさまざまな神社が祀られていた。それぞれの土地で、それぞれの信仰によって建立された神社である。未開の地を拓くには危険が伴い、生きていくについても心の平安と勇気を与えてくれる神が不可欠だったことを物語っている。

もっとも、この勅命以降は、神社は天皇を頂点とする国家神道にかなう形でのみ、建てられるようになっていく。

札幌には、安政年間から福島出身の早山清太郎《そうやませいたろう》が住み着いており、豊平《とよひら》街道と元村《もとむら》街道の辻に小さな祠を建てていた。祀っていたのは出雲神、すなわち大国主命《おおくにぬしのみこと》や少彦名神《すくなびこなのかみ》であった。ご存じ、神話の中で日本を平定し国造りをしたとされる神々だ。

これは政府の思惑とも合致した。そこで、これら二柱に国霊を表す大国魂神《おおくにたまのかみ》を加えて「開拓三神」とし、奉遷された神々をこの地に鎮座させる北海道鎮座神祭が執り行われる。開拓使の面々がずらりと参列した盛大なものだったようだ。

明治四年には場所が遷され「札幌神社」と名付けられたが、昭和になって祭神には明治天皇も加えられ、「北海道神宮」と改まった。

円山《まるやま》公園に隣接する山地をまるごと抱え込むような広大な神域は、土地不足の繁華街に窮屈そうに建っている本土の神社とは趣きが違う。マップをたよりに、森林浴を楽しみがてら参拝する、といったイメージだ。

北海道神宮

大鳥居は、この神社の創建当時、樺太《からふと》や千島《ちしま》に進出を進めていたロシア帝国に対する守りの意味を込め、北東を向いているそうだ。苦戦のすえに日露戦争に辛勝した時、ここではどれほど戦勝祝いに沸いたのだろうか。百五十年、この鳥居をくぐった人々の声が聞こえてきそうで、手水《ちょうず》でそっと手を浄める。
静謐な社殿前では、インバウンド効果でアジアからの観光客が写真を撮っている。近年の傾向とはいえ、日本人の参拝者の方が少ない事実はどうしたものだろうか。
森かとみまがう神域のはずれには境内末社の開拓神社があり、北海道開拓の功労者三十七柱が祀られている。黒田清隆や鍋島直正、東久世通禧《ひがしくぜみちとみ》のような、北海道開拓使長官の地位にあった人物の名はもちろん、間宮林蔵や伊能忠敬、近藤重蔵、高田屋嘉兵衛など、まだ北海道ではない時代に縁のあった人物の名前も見え、それぞれに「命《みこと》」がついて神様になっているのが認められる。前述の松浦武四郎も入っており、俗世の身分を超えて祀られているのは意義深い。

もっとも、やっと百五十年が過ぎたばかりであるだけに、どの人も神様というより歴史に名を残した偉人たち、生身の人間であるという印象がぬぐえない。だが、これもまた年月が二百年、三百年と重なってゆけば、いっそう神様に近づいていくのであろう。

北海道の仏教寺院

外国の神、日本の神と、新しい大地に置かれて根を張り始めた神々を見てきたが、仏教はどうだったのだろうか。

百五十年前といえば、日本は廃仏毀釈という国策をとり、それまで全国民の規範として浸透していた仏教を神社から切り離すことを決めている。歴史の古い西日本では古刹がすっかり荒廃していくという、目を覆うばかりの惨状が各所でみられた。しかし、関西と違ってそうした仏教文化の蓄積がない真新しい地では、同じ現象は当てはまらないだろう。

しかし結果から言えば、国家神道による神社ばかりが建立されたのかと思いきや、意外に仏教寺院も少なくなかったのである。廃仏毀釈とはいえど、北海道に入植した開拓移民は、仏を一緒に持ち込まずにはいなかったということを裏付けている。

開拓のための移民団について調べてみると、入植のピークは明治十九（一八八六）年から昭和十一（一九三六）年あたり。その間に開拓団を多く送り込んだのは、戊辰《ぼしん》戦争において賊軍となった藩を含め、東北六県、徳島、香川、北陸四県、そして東京などだ。うち東北六県だけで二十八万九千二百十七戸。全体の約四十一・一％という数字になる。東北は禅宗が多い地域なので、北海道に禅宗系の曹洞宗のお寺がたくさん建てられることになったのもうなずける。

次いで二十六・三％をしめる北陸四県は、富山など、浄土真宗系の信徒が多い地域だ。そのため、開拓団が定着した地には、やはりこれらの宗派のお寺が数多く建てられることとなったようだ。

見渡す限り原野という北海道を、まるで真新しい地面と見立てて切り開いていった先人たち。しかし、彼らにとってふるさととなる新しい地には、神も要るが、厳しい自然環境の中で命を落とす生身の仲間のために、弔いのための仏がなくてはならなかった。生きるために神、死んで安らかになるためには仏。人とはなんといとおしい生き物であろうか。

こうしているまにも、人は生まれ、神に感謝し、またそうするまにも人は死に、安らかに浄土に行くことを願わずにいられない。北海道は、百五十年というまたたきのような歴史の中に、そのことを語り裏付けるだけのたしかな歴史を有している。

注連寺
〒997-0531　山形県鶴岡市大網字中台 92-1　☎ 0235-54-6536

第九章

気比神宮
〒914-0075　福井県敦賀市曙町 11-68　☎ 0770-22-0794
永平寺
〒910-1228　福井県吉田郡永平寺町志比 5-15　☎ 0776-63-3102
西福寺
〒946-0033　新潟県魚沼市大浦 174　☎ 025-792-3032

第十章

日光東照宮
〒321-1431　栃木県日光市山内 2301　☎ 0288-54-0560
輪王寺
〒321-1494　栃木県日光市山内 2300　☎ 0288-54-0531

第十一章

熱田神宮
〒456-8585　愛知県名古屋市熱田区神宮 1-1-1　☎ 052-671-4151
万松寺
〒460-0011　愛知県名古屋市中区大須 3-29-12　☎ 052-262-0735

第十二章

神長官守矢史料館
〒391-0013　長野県茅野市宮川 389-1　☎ 0266-73-7567
諏訪大社上社本宮
〒392-0015 長野県諏訪市中洲宮山 1　☎ 0266-52-1919
諏訪大社下社秋宮
〒393-0052　長野県諏訪郡下諏訪町 5828　☎ 0266-27-8035

第十三章

恐山菩提寺
〒035-0021　青森県むつ市大字田名部字宇曽利山 3-2　☎ 0175-22-3825
義経寺
〒030-1732　青森県東津軽郡外ヶ浜町字三厩家ノ上 76　☎ 0174-37-2045

第十四章

善光寺
〒380-0851　長野県長野市長野元善町 491　☎ 026-234-3591
淵之坊
〒380-0851　長野県長野市元善町 462　☎ 026-232-3669
西光寺
〒380-0826　長野県長野市北石堂町 1398　☎ 026-226-8436

第十五章

北海道博物館
〒004-0006　北海道札幌市厚別区厚別町小野幌 53-2　☎ 011-898-0466
函館ハリストス正教会
〒040-0054　北海道函館市元町 3-13　☎ 0138-23-7387
北海道神宮
〒064-8505　北海道札幌市中央区宮ヶ丘 474　☎ 011-611-0261

巡拝先所在地

第一章

鶴岡八幡宮
〒248-8588　神奈川県鎌倉市雪ノ下 2-1-31　☎ 0467-22-0315
東慶寺
〒247-0062　神奈川県鎌倉市山ノ内 1367　☎ 0467-22-1663

第二章

日枝神社
〒100-0014 東京都千代田区永田町 2-10-5　☎ 03-3581-2471
増上寺
〒105-0011 東京都港区芝公園 4-7-35　☎ 03-3432-1431

第三章

神田明神
〒101-0021　東京都千代田区外神田 2-16-2　☎ 03-3254-0753
明治神宮
〒151-8557　東京都渋谷区代々木神園町 1-1　☎ 03-3379-5511
浅草寺
〒111-0032　東京都台東区浅草 2-3-1　☎ 03-3842-0181

第四章

富士山本宮浅間大社
〒418-0067　静岡県富士宮市宮町 1-1　☎ 0544-27-2002
身延山久遠寺
〒409-2593　山梨県南巨摩郡身延町身延 3567　☎ 0556-62-1011

第五章

香取神宮
〒287-0017　千葉県香取市香取 1697-1　☎ 0478-57-3211
鹿島神宮
〒314-0031　茨城県鹿嶋市宮中 2306-1　☎ 0299-82-1209
息栖神社
〒314-0133　茨城県神栖市息栖 2882　☎ 0299-92-2300
成田山新勝寺
〒286-0023　千葉県成田市成田 1　☎ 0476-22-2111

第六章

龍泉寺
〒029-2204　岩手県陸前高田市気仙町愛宕下 4
早池峰神社
〒028-3201　岩手県花巻市大迫町内川目第 1 地割 1　☎ 0198-48-5877

第七章

瑞巌寺
〒981-0213　宮城県宮城郡松島町松島字町内 91　☎ 022-354-2023
鹽竈神社
〒985-8510　宮城県塩竈市一森山 1-1　☎ 022-367-1611
中尊寺
〒029-4102　岩手県西磐井郡平泉町平泉衣関 202　☎ 0191-46-2211

第八章

出羽三山神社
〒997-0292　山形県鶴岡市羽黒町手向字手向 7　☎ 0235-62-2355

本書は月刊『大法輪』２０１４年10月号から２０１９年１月号まで断続的に連載したものを単行本化したものです。

玉岡《たまおか》かおる
1956年、兵庫県三木市生まれ。神戸女学院大学卒業。89年、神戸文学賞受賞作の『夢食い魚のブルー・グッドバイ』(新潮社)でデビュー。2008年『お家さん』(同)で第25回織田作之助賞を受賞。著書に『をんな紋』(角川書店)、『タカラジェンヌの太平洋戦争』、『負けんとき　ヴォーリーズ満喜子の種まく日々』『天平の女帝　孝謙称徳』『花になるらん　明治おんな繁盛記』(以上、新潮社)、『ひこばえに咲く』『姫君の賦　千姫流流』(以上、PHP研究所)、『虹、つどうべし』(幻冬舎)、『ホップステップホーム!』(実業之日本社)、『にっぽん聖地巡拝の旅』(大法輪閣)など。

にっぽん聖地巡拝《せいちじゅんぱい》の旅《たび》　あずま下《くだ》り編《へん》

2019年 11月10日 初版第1刷発行

著　者　玉岡かおる
発行人　石原大道
印　刷　三協美術印刷株式会社
製　本　東京美術紙工
発行所　有限会社 大法輪閣
〒150-0011 東京都渋谷区東
2-5-36　大泉ビル 2F
TEL 03-5466-1401(代表)
振替 00160-9-487196番
http://www.daihorin-kaku.com

ISBN978-4-8046-1419-9　C0095